PARDON DU PASSÉ, EUROPE UNIE ET DÉFENSE DE L'OCCIDENT

ADENAUER ET SCHUMAN DOCTEURS *HONORIS CAUSA* DE L'UNIVERSITÉ CATHOLIQUE DE LOUVAIN EN 1958

P.I.E. Peter Lang

Bruxelles · Bern · Berlin · Frankfurt am Main · New York · Oxford · Wien

EUROCLIO est un projet scientifique et éditorial, un réseau d'institutions de recherche et de chercheurs, un forum d'idées. EUROCLIO, en tant que projet éditorial, comprend deux versants : le premier versant concerne les études et documents, le second versant les instruments de travail. L'un et l'autre visent à rendre accessibles les résultats de la recherche, mais également à ouvrir des pistes en matière d'histoire de la construction/intégration/unification européenne.

La collection EUROCLIO répond à un double objectif : offrir des instruments de travail, de référence, à la recherche ; offrir une tribune à celle-ci en termes de publication des résultats. La collection comprend donc deux séries répondant à ces exigences : la série ÉTUDES ET DOCUMENTS et la série RÉFÉRENCES. Ces deux séries s'adressent aux bibliothèques générales et/ou des départements d'histoire des universités, aux enseignants et chercheurs, et dans certains cas, à des milieux professionnels bien spécifiques.

La série ÉTUDES ET DOCUMENTS comprend des monographies, des recueils d'articles, des actes de colloque et des recueils de textes commentés à destination de l'enseignement.

La série RÉFÉRENCES comprend des bibliographies, guides et autres instruments de travail, participant ainsi à la création d'une base de données constituant un «Répertoire permanent des sources et de la bibliographie relatives à la construction européenne».

Sous la direction de

Éric BUSSIÈRE, Université de Paris-Sorbonne (France),
Michel DUMOULIN, Louvain-la-Neuve (Belgique),
& Antonio VARSORI, Universitá degli Studi di Padova (Italia)

PARDON DU PASSÉ, EUROPE UNIE ET DÉFENSE DE L'OCCIDENT

ADENAUER ET SCHUMAN DOCTEURS *HONORIS CAUSA* DE L'UNIVERSITÉ CATHOLIQUE DE LOUVAIN EN 1958

Geneviève DUCHENNE
& Gaëlle COURTOIS (dir.)

Euroclio n° 45

L'organisation du colloque de Louvain-la-Neuve du 7 février 2008 dont nous publions les actes a été rendue possible grâce à l'appui financier de la Faculté de Philosophie et Lettres et de la Faculté des Sciences économiques, sociales et politiques de l'Université catholique de Louvain.

La publication de cet ouvrage s'inscrit dans le programme de recherche « Ces chers voisins. Allemagne, Belgique, France et Luxembourg aux XIXe et XXe siècles ».

© P.I.E. PETER LANG S.A.
Éditions scientifiques internationales
Bruxelles, 2009
1 avenue Maurice, B-1050 Bruxelles, Belgique
pie@peterlang.com ; www.peterlang.com

ISSN 0944-2294
ISBN 978-90-5201-472-2
D/2009/5678/04

Imprimé en Allemagne

Information bibliographique publiée par « Die Deutsche Bibliothek »

« Die Deutsche Bibliothek » répertorie cette publication dans la « Deutsche Natio-nal-bibliografie » ; les données bibliographiques détaillées sont disponibles sur le site http://dnb.ddb.de.

Table des matières

TROISIÈME PARTIE
TABLE RONDE

Remerciements

L'organisation du colloque de Louvain-la-Neuve du 7 février 2008 dont nous publions les actes a été rendue possible grâce à l'appui financier de la Faculté de Philosophie et Lettres et de la Faculté des Sciences économiques, sociales et politiques de l'Université catholique de Louvain.

Ce colloque a été organisé par la Chaire Jean Monnet d'histoire de l'Europe contemporaine et par le Groupe d'études histoire de l'Europe contemporaine (Gehec) du département d'histoire de l'Université catholique de Louvain.

Les organisateurs souhaitent remercier chaleureusement les doyens de ces deux facultés, les professeurs Heinz Bouillon et Claude Roosens, MM. Kjell Corens et Mark Derez (archives de la Katholieke Universiteit Leuven), le professeur Paul Servais et ses collaborateurs (archives de l'Université catholique de Louvain), l'« Équipe Studio » ainsi que le professeur Philippe Van Parijs, MM. André Huet et Pierre Tilly, pour leur précieuse collaboration.

Table des abréviations

AELE   Association européenne de libre-échange
AGR   Archives générales du Royaume
AKUL   Archives de la Katholieke Universiteit Leuven
AMFAE   Archives du ministère français des Affaires étrangères
AUCL   Archives de l'Université catholique de Louvain
BIT   Bureau international du travail
CDU   Christlich-Demokratische Union
CECA   Communauté européenne du charbon et de l'acier
CED   Communauté européenne de défense
CEE   Communauté économique européenne
CEEA   Communauté européenne de l'énergie atomique
CRB   Commission for Relief in Belgium
CUPI   Cercle universitaire de politique internationale
CVP   Christelijk Volkspartij
GEHEC   Groupe d'études histoire de l'Europe contemporaine
KUL   Katholieke Universiteit Leuven
OCDE   Organisation pour la coopération et le développement
            économiques
OECE   Organisation européenne de coopération économique
ONU   Organisation des Nations unies
OTAN   Organisation du traité de l'Atlantique Nord
PSC   Parti social-chrétien
RFA   République fédérale d'Allemagne
SDN   Société des Nations
SPD   Sozialdemokratische Partei Deutschlands
UBSDN   Union belge pour la Société des Nations
UCL   Université catholique de Louvain
UEO   Union de l'Europe occidentale
ULB   Université Libre de Bruxelles
VW   Papiers Van Waeyenbergh

Avant-propos

Michel DUMOULIN

Professeur ordinaire à l'Université catholique de Louvain

Le 10 janvier 1958, à la veille de l'installation des Commissions de la Communauté économique européenne (CEE) et de la Communauté européenne de l'énergie atomique (Euratom), l'École des Sciences politiques et sociales de l'Université catholique de Louvain conférait le titre de docteur *honoris causa* au chancelier allemand Konrad Adenauer et à Robert Schuman dont la déclaration du 9 mai 1950 matérialisa les ambitions de mise en œuvre d'un projet européen par le biais d'une approche sectorielle, levier d'une intégration généralisée.

L'événement suscita dans la vieille ville universitaire un enthousiasme qui pourrait laisser pantois un demi-siècle plus tard attendu la morosité, pour ne pas dire le désenchantement, qui caractérise l'idée européenne.

Cet enthousiasme, dont témoignent la presse écrite et plus encore les images du reportage filmé qui fut réalisé à l'époque, est celui d'une génération d'étudiants dont la petite enfance s'est déroulée durant la Seconde Guerre mondiale. Leurs professeurs avaient pour leur part connu celle-ci et, avant elle, la « der des der » entre 1914 et 1918.

L'objet de cet ouvrage qui est le résultat des travaux d'un modeste colloque organisé en février 2008 à l'Université catholique de Louvain à Louvain-la-Neuve, est de s'interroger, après voir évoqué le contexte général de l'époque (Marie-Thérèse Bitsch) et rappelé la place de l'université dans l'espace culturel européen au fil des siècles (Geneviève Duchenne), de faire « parler l'évènement ».

Comme le montre l'analyse de Gaëlle Courtois, les prolégomènes de la cérémonie de janvier 1958 sont tumultueux. À l'origine, en effet, seule la candidature de Konrad Adenauer avait été formulée au sein de l'École des Sciences politiques et sociales de l'Université. Elle fut loin de faire l'unanimité au sein des organes de décision de l'institution. Louvain et son Université avaient trop souffert en 1914 et en 1940 des agissements des Allemands. Si cet argument n'est jamais explicitement formulé, il s'inscrit en filigrane de la valse hésitation qui préside de 1955 à 1957 au sujet de la décision de conférer le titre de docteur *honoris causa* au Chancelier allemand.

En finale, l'idée de réunir dans un même hommage Adenauer et Schuman constitue une solution acceptable à la fois par ceux qui souhaitent tourner la page du passé et ceux qui ne s'y résolvent pas entièrement.

Cette idée figure bel et bien au cœur de la cérémonie de janvier 1958. La *laudatio* de l'homme d'État allemand est prononcée par Gaston Eyskens, celle du Français par Paul van Zeeland. Économistes de renom, les deux Belges, professeurs à Louvain, ont été Premier ministre. Le second a signé le traité instituant la Communauté européenne du charbon et de l'acier. Mais les propos des deux orateurs – et la réponse des nouveaux docteurs – sont précédés par le discours du Recteur magnifique de l'Université. Il constitue un morceau d'anthologie que l'on pourra lire dans les annexes à ce volume. Le pardon des offenses commises par l'Allemagne y est prononcé et l'on perçoit parfaitement, grâce au reportage filmé, l'émotion qui étreint l'orateur, gravement blessé lors de la bataille de l'Yser en octobre 1914 et recteur de Louvain lors du bombardement de 1940 qui détruisit notamment la bibliothèque universitaire reconstruite après son incendie au début du premier conflit mondial.

Journée de pardon et journée de l'Europe, le 10 janvier 1958 est aussi celle d'un appel à la mobilisation de l'Occident chrétien contre la nouvelle barbarie, le communisme. C'est ce dont témoigne parfaitement le texte des diplômes remis aux deux hommes d'État puisque parmi les qualités qui leur valent d'être honorés figure en bonne place leur rôle dans « la résistance aux doctrines nuisibles du communisme ».

L'événement peut sembler relever de l'anecdote. Mais, la cérémonie du 10 janvier 1958 du fait de l'époque dans laquelle elle s'inscrit, de ses origines, de son déroulement et de son contenu, révèle une vision de l'Europe, « œuvre de paix et de réconciliation ». Elle marque aussi la volonté de pardonner le passé, non seulement au bénéfice du projet commun, mais aussi de la défense de l'Occident.

Le *momentum* de 1958

Vincent DUJARDIN

Chercheur qualifié FNRS – Professeur à l'UCL

Messieurs les Doyens,

Chers Collègues,

Mesdames, Mesdemoiselles et Messieurs,

Il y a cinquante ans, le 10 janvier 1958, à la veille de l'installation des Commissions de la CEE et de la CECA, l'École des Sciences politiques et sociales de l'Université catholique de Louvain conférait le titre de docteur *honoris causa* au chancelier allemand Konrad Adenauer et à Robert Schuman, soit à deux acteurs majeurs de l'histoire de la construction européenne.

Pour des raisons d'agenda et notamment du fait de la session d'examen de janvier la commémoration de cet événement a été placée aujourd'hui, 7 février 2008. Ceci dit, dans l'histoire de notre université, le 7 février constitue aussi une date particulière vu que cela fait quarante ans, jour pour jour, presque heure pour heure, que, dans le contexte du *Walen buiten*, le Premier ministre Paul Vanden Boeynants présentait sa démission au roi Baudouin qui l'a acceptée immédiatement. D'aucuns craignaient à ce moment que le *splitsing* de l'université de Louvain préfigure la séparation du pays, alors que Bruxelles et l'Europe apparaissaient déjà comme les ciments les plus puissants pour sauvegarder l'unité belge, notamment aux yeux de Gaston Eyskens, dont il sera question aujourd'hui, et qui jouera également un rôle au plan européen. Je songe surtout à la conférence de La Haye de 1969, alors qu'il présidait le gouvernement qui a immédiatement suivi celui de Vanden Boeynants. Il reste que le *Walen buiten* bouleverse l'échiquier politique belge avec l'essor de partis communautaires et la disparation progressive des partis unitaires et, par corollaire, la transformation des élections législatives en élections régionales, ce qui va contribuer à la création de deux opinions publiques distinctes. Avec, en outre, à la clé, la première grande réforme de l'État de 1970. Ce bref détour me conduit à formuler quelques remarques.

Premièrement, le *momentum* de janvier 1958 est particulièrement intéressant. Les traités de Rome ont été signés en mars 1957. Même si c'est aussi de Bruxelles (et de sa périphérie), désormais quatre fois capitale (Europe, Belgique, Communauté française et Communauté flamande), que peuvent aussi venir les « ouragans et les tempêtes »[1] – que craignaient Gaston Eyskens dès 1971 à propos de l'avenir de son pays –, j'ai déjà noté le rôle de Bruxelles et de l'Europe en tant que ciments de l'unité belge. Or, le 10 janvier 1958, on se trouve au lendemain de la discussion à Paris sur le siège des institutions. Paris, Strasbourg, Bruxelles et Luxembourg se trouvent en concurrence. Le Premier ministre Van Acker avait donné des instructions très claires à la délégation belge : « Cassez tout pourvu que vous ayez Bruxelles »[2]. Finalement, les Six ont décidé, en ce mois de janvier 1958, que Bruxelles pourrait être la capitale provisoire... pour six mois, la Belgique devant présider le Conseil la première. La presse belge crie victoire non sans indisposer la diplomatie française que Jean-Charles Snoy et Robert Rothschild tenteront d'apaiser en évoquant notamment la « nervosité qui anime la capitale belge à la veille de l'Exposition universelle »[3].

De fait et deuxièmement, 1958 c'est aussi l'année de l'exposition universelle, qui constitue peut-être le chant du cygne de « la Belgique de Papa ». Nous sommes moins d'un an avant le fameux discours du roi Baudouin de janvier 1959 relatif à la situation au Congo, et à la faveur duquel il lâche le mot « indépendance ». D'autre part, alors que la question scolaire est en train de se résoudre, la question linguistique couve déjà, des incidents étant relevés durant l'Expo, notamment au pavillon français, sous la houlette d'un certain Wilfried Martens, qui n'est toutefois pas personnellement présent sur les lieux, devant préparer des examens... à Leuven. En cette période, on observe un fameux basculement en matière linguistique et communautaire. En 1960, ce sont

---

[1] En janvier 1971, Eyskens écrit à Pierre Harmel : « Nous savons bien, cher Pierre, ce que sont et où sont les obstacles qui doivent être surmontés. Qui réussira à faire comprendre aux Bruxellois, du côté gouvernemental en premier lieu, et aussi dans les différents partis, la chance inouïe qu'a leur ville d'être la capitale de fait de l'Europe occidentale, ou bien sera-t-il dit que c'est de Bruxelles même que viendront les ouragans et les tempêtes qui anéantiraient une œuvre quasiment achevée ? ». Archives générales du Royaume (AGR), Bruxelles : Papiers P. Harmel : Eyskens à Harmel, 11 janvier 1971.

[2] Cité d'après Th. Grosbois, *Benelux « Laboratoire » de l'Europe ? Témoignages et réflexions du comte Jean-Charles Snoy d'Oppuers*, Louvain-la-Neuve, Ciaco et UCL-GEHEC, 1991, p. 107 (Histoire de la construction européenne).

[3] Archives du ministère français des Affaires étrangères (AMFAE), Paris : Europe, généralités (1944-1960), n° 173-174 : Bousquet à Pineau, Bruxelles, 11 janvier 1958.

aussi les grandes grèves, alors que la tragédie minière de Marcinelle de 1956 avait déjà symbolisé le déclin de l'industrie charbonnière. Dans l'intervalle, l'économie flamande s'apprête à supplanter la wallonne.

Enfin, en janvier 1958, on se trouve toujours, je l'ai dit, dans un contexte de guerre scolaire, qui est en passe de trouver une solution. Le pacte scolaire est signé en novembre. Ce qui précède n'empêche pas Mgr Van Waeyenbergh, Recteur magnifique de l'université, de rendre hommage à Paul-Henri Spaak dans son discours d'ouverture. Mais il sera intéressant, dans un tel contexte, de prendre la mesure de l'écho donné à l'événement dans les différents organes de presse et notamment à gauche.

Au-delà, ce qui est très présent dans les discours du 10 janvier 1958, c'est l'engagement chrétien d'Adenauer et Schuman mais aussi des professeurs qui ont prononcé la *laudatio*, à savoir Paul van Zeeland et Gaston Eyskens, deux brillants économistes, deux gloires de l'université, qui joueront un rôle certain dans le cadre de l'histoire politique belge et/ou européenne. Ce qui n'enlève rien au fait que l'affirmation d'Europe vaticane renvoie à un mythe. Des déclarations des pères fondateurs honorés en janvier 1958 peuvent certes donner à le penser. Ainsi, le 23 août 1951, Konrad Adenauer écrivait à Robert Schuman :

> Je tiens [...] pour un signe particulièrement favorable, providentiel même, le fait que tout le poids des tâches à accomplir repose sur les épaules d'hommes qui, comme vous, notre ami commun le président De Gasperi et moi-même sont pénétrés de la volonté de développer et de réaliser un nouvel édifice de l'Europe sur des fondements chrétiens.

Robert Schuman dira dans le même sens dans son livre *Testament Pour l'Europe* en 1963 :

> La démocratie doit son existence au christianisme. Elle est née le jour où l'homme a été appelé à réaliser dans sa vie temporelle la dignité de la personne humaine, dans la liberté individuelle, dans le respect des droits de chacun et par la pratique de l'amour fraternel à l'égard de tous. Jamais avant le Christ, pareilles idées n'avaient été formulées. La démocratie est ainsi liée au christianisme, doctrinalement et chronologiquement. Elle a pris corps avec lui, par étapes, à travers de longs tâtonnements, parfois au prix d'erreurs et de rechutes dans la barbarie.

On aurait pourtant tort de faire des Schuman ou Adenauer, voire de De Gasperi des marionnettes du Vatican. On connaît le mot fameux du président de la République, Vincent Auriol évoquant « la triple alliance, Adenauer, Schuman, Gasperi, trois tonsures sous la même calotte ». Or, on rappellera que De Gasperi avait des relations difficiles avec Pie XII qui ne lui accordera qu'une seule audience à l'occasion du vingtième anniversaire des accords du Latran en février 1949. Adenauer était fort peu clérical et étranger au monde du Vatican. Il n'effectuera comme chef d'État son premier voyage à Rome qu'en juin 1951 et, qui plus est, à l'invitation de l'Italie. Il ne faut pas non plus oublier le fait que plusieurs pères de l'Europe n'étaient pas catholiques.

Le tout, Mesdames et Messieurs, en sachant que l'histoire peut aussi nourrir la réflexion au regard des grands débats que la Belgique et l'Europe connaissent aujourd'hui. C'est pourquoi en terminant cette brève introduction, je citerais ces mots publiés par Pierre Harmel il y a quelques années déjà, mais qui ont sans doute leur place aujourd'hui. Non seulement parce que l'Europe hésite entre crise et relance, mais aussi parce que ces mots visaient précisément l'action européenne de Robert Schuman et de Konrad Adenauer, à la faveur d'une longue évocation qu'il faisait de l'année 1949, mais qui débordait sur 1950.

La fondation de l'Europe, disait-il, est pour deux hommes exceptionnels, Robert Schuman et Konrad Adenauer, l'œuvre d'une seule fin de semaine qui scellera désormais une nouvelle histoire de notre Occident ; une histoire qui eut des périodes de progrès et ses heures de stagnation ; mais qui a fondé de manière irréversible le seul édifice qui permette encore à l'Europe occidentale de garder et de faire valoir l'essentiel des trésors spirituels, intellectuels, moraux et matériels accumulés sur un des sols les plus privilégiés du monde, le seul édifice grâce auquel l'Europe puisse conserver dans l'avenir un rôle mondial bénéfique et pacificateur. [...] Les années où nous entrons ressemblent à 1949. Elles appellent de nouveaux commencements et elles requièrent de nouvelles clairvoyances. J'ai évoqué le temps de 1949 pour montrer qu'il a pu compter sur une pléiade d'hommes capables de susciter la cohésion de nos nations et de l'Europe. L'ardent souhait que je formule ici est que [...] les temps nouveaux dans lesquels nous entrons, suscitent pour les mêmes causes, – celles de l'avenir de nos peuples associés, la lucidité, l'imagination et le courage de nouvelles élites européennes.

Un des défis de l'Europe de demain sera de trouver un équilibre entre unité et particularismes, entre le niveau européen, le niveau des États mais aussi le niveau des régions. La référence au 7 février 1968 n'est pas sans rappeler la situation d'aujourd'hui. Dans un article publié dans *La Presse*, quotidien de Montréal, le 19 novembre 2007, et intitulé « Pauvre Belgique ! », l'ancien ambassadeur du Canada aux Pays-Bas et en Allemagne, Madame Marie-Bernard Meunier, écrit :

Les Flamands ne veulent plus payer pour les Wallons, comme la Ligue du Nord en Italie ne veut plus payer pour le Mezzogiorno ou les Catalans pour le reste de l'Espagne. Les Tchèques ne voulaient pas non plus continuer à payer pour les Slovaques. Partout la même volonté des riches de larguer les pauvres. Cette attitude porte en elle-même les germes de la destruction du consensus social dans bien des pays européens, et, potentiellement, elle plombe la construction européenne. Jusqu'à présent, l'union européenne a toujours permis à ses nouveaux adhérents d'opérer un rattrapage économique spectaculaire. La solidarité avait un sens et, à terme, tout le monde y trouvait son compte.

Et l'ambassadeur de conclure : « La façon dont les Belges sortiront de la crise actuelle aura incontestablement un impact dans l'ensemble européen».

Il ne m'appartient pas d'être plus long au début de cette après-midi qui s'annonce très riche. Mais l'on peut remercier d'ores et déjà tous ceux qui ont porté ce projet et en particulier le professeur Michel Dumoulin et son équipe. Je songe aussi au professeur Philippe Van Parijs qui regrette de ne pouvoir être des nôtres aujourd'hui vu ses enseignements à Harvard et qui avait attiré l'attention sur l'anniversaire que nous commémorons. Il en va de même des professeurs Claude Roosens et Heinz Bouillon, respectivement Doyens de la Faculté des Sciences économiques, sociales et politiques et Doyen de la Faculté de Philosophie et Lettres pour leurs encouragements et leur présence aujourd'hui.

PREMIÈRE PARTIE

MISE EN PERSPECTIVE

L'Europe en 1958

Marie-Thérèse Bitsch

Professeur émérite de l'Université Robert Schuman de Strasbourg

I. Introduction

Il importe de rappeler brièvement le contexte européen dans lequel s'inscrit la remise du titre de docteur *honoris causa* à deux « pères » de l'Europe, l'Allemand Konrad Adenauer, qui est chancelier de la République fédérale d'Allemagne (RFA) depuis 1949 et le restera jusqu'à 1963, et le Français Robert Schuman qui avait été ministre des Affaires étrangères de 1948 à 1953 et qui est sur le point d'être élu, en mars 1958, à la fonction surtout honorifique de président de l'Assemblée parlementaire européenne, qu'il assumera pendant deux ans. Alors que les historiens ont beaucoup été sollicités, ces derniers temps, pour établir le bilan d'un demi-siècle de construction européenne, il s'agit donc ici de se livrer à l'exercice inverse pour se demander où en était arrivée la construction européenne, il y a cinquante ans.

1958, c'est l'an I de la Communauté économique européenne (et aussi d'Euratom). Les deux traités de Rome, signés le 25 mars 1957, viennent d'entrer en vigueur le 1ᵉʳ janvier et les institutions sont en train de s'installer et vont devoir se roder. 1958, c'est aussi le dixième anniversaire de plusieurs évènements qui ont marqué les débuts de la construction européenne : c'est le dixième anniversaire de la signature du pacte de Bruxelles (17 mars 1948), de la création de l'Organisation européenne de coopération économique (16 avril 1948), du Congrès de La Haye du Mouvement européen (7-11 mai 1948) qui conduira l'année suivante à la naissance du Conseil de l'Europe. Cette énumération permet de rappeler que, si l'idée européenne est déjà vieille de plusieurs siècles et si les coopérations entre Européens se sont développées depuis quelques décennies, la construction européenne proprement dite, c'est-à-dire la mise en place d'organisations structurées regroupant des États européens, est très récente en 1958.

L'année 1958 est aussi marquée par la reprise des tensions Est-Ouest. Certes, les Occidentaux avaient compris très vite que le dégel et la coexistence pacifique, qui avaient été induits par la mort de Staline en mars 1953, étaient relatifs et fragiles. Dès 1955 est signé le pacte de Varsovie qui consolide la tutelle de Moscou sur les États d'Europe centrale et orientale. Les tentatives de libéralisation des régimes communistes sont vouées à l'échec et, en particulier, la révolution démocratique de Budapest est écrasée en novembre 1956. À l'automne 1958 va commencer une nouvelle crise à Berlin qui reste le principal point névralgique de la guerre froide. En 1958, l'Europe est donc toujours coupée en deux par le rideau de fer qui deviendra encore plus étanche après la construction du mur de Berlin en 1961.

Par conséquent, l'Europe en train de s'unifier ne peut être, en 1958, ni celle de la géographie, ni celle de l'histoire mais, pour reprendre la formule de l'ancien ministre français des Affaires étrangères Georges Bidault, « l'Europe de la volonté », c'est-à-dire celle de la démocratie ou, pour utiliser l'expression de l'époque, « l'Europe libre ». C'est donc de cette Europe occidentale en train de s'unifier qu'il est question ici, en établissant une distinction, qui va devenir classique, entre l'Europe des États et l'Europe des Communautés. La première de ces notions renvoie à des organisations dites intergouvernementales – ou interétatiques – dans lesquelles les États membres gardent la maîtrise des décisions qui sont prises, du moins pour les plus importantes, à l'unanimité, c'est-à-dire par consensus, chaque gouvernement se réservant un droit de veto. Dans l'autre cas de figure, au contraire, les gouvernements exercent en commun, par le biais d'institutions supranationales qu'ils sont en train d'inventer dans les années 1950, les parcelles de souveraineté qu'ils acceptent de transférer à un niveau de pouvoir européen.

II. L'Europe des États

L'Europe des États est celle des trois organisations intergouvernementales créées en 1948-1949 et qui ne jouent plus, dans l'Europe de 1958, qu'un rôle secondaire.

La plus ancienne a été fondée par le pacte de Bruxelles sous le nom d'Union occidentale. Elle est devenue l'Union de l'Europe occidentale (UEO) après la révision de ce traité en 1954. Elle compte alors sept États, puisque la République fédérale d'Allemagne (RFA) et l'Italie rejoignent, à cette date, les cinq États signataires de 1948 (Royaume-Uni, France et les trois du Benelux, Belgique, Pays-Bas, Luxembourg).

L'UEO est en principe une organisation de sécurité collective. Par l'article 4 du pacte de Bruxelles de 1948 (qui deviendra l'article 5 du traité révisé en 1954), les États s'engagent à s'accorder mutuellement aide et assistance, en cas d'agression[1]. Mais elle a surtout servi d'instrument « facilitateur » à des moments cruciaux dans l'histoire de l'Europe d'après-guerre. En 1948, elle a eu une fonction symbolique pour manifester la solidarité du petit groupe de cinq pays face au bloc soviétique et une fonction politique pour ouvrir la voie à une coopération occidentale plus large, incluant les États-Unis, dans le cadre du pacte atlantique signé en 1949. En 1954, la transformation en UEO a aussi une signification avant tout symbolique et politique, car elle calme les tensions après l'échec de la Communauté européenne de défense (CED) et elle accompagne la reconstitution d'une armée allemande, par ailleurs admise dans l'OTAN (Organisation du traité de l'Atlantique Nord). Cette UEO à sept rassure beaucoup d'Occidentaux, notamment à cause de la participation britannique. Mais il est bien évident qu'elle ne fait pas le poids face à l'Union soviétique et que la sécurité de l'Europe occidentale est garantie par l'OTAN, et donc par les États-Unis.

Par ailleurs, l'UEO manque de visibilité. Son principal organe est un Conseil des ministres (itinérant) qui – à cette époque – réunit une seule fois par an les ministres des Affaires étrangères des sept gouvernements. Son Secrétariat est installé à Londres et l'Assemblée de l'UEO, créée en 1954-1955 pour donner satisfaction à la France, siège à Paris mais n'a pas une grande notoriété. L'UEO est donc devenue en 1958 cette « belle au bois dormant » qu'elle va rester pendant encore trois décennies, avant d'être redynamisée pendant quelques années, puis de disparaître en 2000.

L'organisation créée presque en même temps au printemps 1948, l'Organisation européenne de coopération économique (OECE), regroupe dix-sept pays[2], c'est-à-dire pratiquement tous les États d'Europe occidentale, à l'exception de l'Espagne (encore dirigée par le général Franco) et de la Finlande (qui adopte par prudence une politique de stricte neutralité).

À sa création, l'OECE avait à la fois une mission ponctuelle de gestion de l'aide Marshall et une mission plus générale pour stimuler la coopération économique entre Européens. Elle a survécu au plan Marshall (qui a pris fin en 1952), ce qui peut être interprété comme le signe de sa pertinence et de son utilité. Mais en 1958, l'OECE est en

---

[1] Texte de l'article : « Au cas où l'une des Hautes Parties contractantes serait l'objet d'une agression armée en Europe, les autres lui porteront, conformément aux dispositions de l'article 51 de la Charte des Nations Unies, aide et assistance par tous les moyens en leur pouvoir : militaire et autres »

[2] Le traité du 16 avril 1948 a été signé par les représentants de seize gouvernements et, pour l'Allemagne de l'ouest, par les représentants des autorités de la zone d'occupation française en Allemagne et de la bizone (anglo-américaine). Après la création de la RFA, celle-ci devient le dix-septième État membre de l'OECE.

crise. Les Dix-sept se divisent : six d'entre eux sont en train de constituer les Communautés européennes et se fixent des objectifs plus ambitieux que ceux de l'OECE, en termes d'intégration européenne ; les autres refusent aussi bien l'idée de supranationalité que la perspective d'une union douanière adoptées par les Six. La tension entre les deux groupes d'États se cristallise autour du projet de grande zone de libre-échange dans le cadre de l'OECE, qui est à l'ordre du jour depuis 1956 et qui n'est pas sans risque pour la toute jeune Communauté européenne, menacée d'être dissoute dans la zone de libre-échange. Ce projet suscite des craintes, surtout chez les Français qui redoutent de devoir affronter la concurrence de leurs seize partenaires qui, par ailleurs, ne lui achèteraient pas de produits agricoles puisque la zone de libre-échange n'implique pas la mise en place de politiques communes. Paris, qui est déjà très réservé sous les derniers gouvernements de la IVe République, finit par faire échouer le projet, fin 1958, quelques mois après le retour au pouvoir du général de Gaulle.

Dès 1958, c'est donc la fin annoncée de l'OECE. L'épilogue de cette affaire va se jouer en 1960, en deux temps, avec, d'abord, la création d'une petite zone de libre-échange (l'Association européenne de libre-échange, AELE) qui regroupe sept pays de l'OECE[3] et, ensuite, la transformation de l'OECE en OCDE (Organisation pour la coopération et le développement économiques) à vocation transatlantique pour un temps, puis universaliste.

Par conséquent, le Conseil de l'Europe est la seule organisation interétatique à garder une certaine importance en 1958. Il forme alors une « Europe des Quinze » puisqu'aux dix signataires du traité fondateur de 1949 (les Cinq du pacte de Bruxelles et cinq autres États : Italie, Irlande, Danemark, Norvège, Suède) sont venus s'ajouter presque immédiatement la Grèce, la Turquie et l'Islande, puis la RFA en 1950-1951 et l'Autriche en 1956. Lui aussi regroupe donc pratiquement toute l'Europe occidentale, à l'exception de deux États neutres (Finlande et Suisse), des deux pays ibériques (Espagne et Portugal) et de quelques très petits États qui entreront tous, en ordre dispersé, entre 1958 et 1989.

En 1948-1949, Robert Schuman, qui venait d'arriver au Quai d'Orsay, a joué un rôle déterminant dans la création de cette organisation inspirée par les propositions du Mouvement européen[4]. Le ministre

---

[3]   Autour du Royaume-Uni, se groupent trois États scandinaves, Danemark, Norvège, Suède ainsi que la Suisse, l'Autriche et le Portugal.

[4]   Le Congrès de La Haye avait adopté à l'unanimité une résolution politique préconisant la création d'une Union ou d'une Fédération européenne, dotée en particulier d'une Assemblée européenne et d'une Cour des droits de l'homme. En août 1948, un Mémorandum du Mouvement européen précise encore le projet. C'est sur ce document que s'appuie Robert Schuman, lorsqu'il propose de mettre en place une organi-

français, qui tenait surtout à créer une Assemblée européenne à laquelle la RFA en train de se constituer pourrait adhérer rapidement, avait pris dès l'été 1948 une initiative que Konrad Adenauer, qui n'était pas encore chancelier, avait aussitôt saluée comme « l'événement le plus important depuis la fin des hostilités »[5]. Mais le traité constitutif est signé le 5 mai 1949, sans l'Allemagne de l'Ouest dont la Loi fondamentale est adoptée seulement le 23 mai et qui ne peut adhérer au Conseil de l'Europe qu'en 1950 comme État associé, et en 1951, après la reconstitution de *l'Auswärtiges Amt*, comme membre à part entière. Mais à cette date, cette organisation n'est plus considérée – ni par Adenauer, ni par Schuman, ni par bien d'autres Européens convaincus – comme étant le cadre le plus pertinent pour la construction européenne.

En effet, le Conseil de l'Europe qui avait suscité beaucoup d'espoir et même un certain enthousiasme en 1949, a perdu de son aura. Il travaille discrètement – à l'écart des grands médias – et prépare, parfois très lentement, des accords de coopération dans les domaines les plus variés[6]. Cependant, la première de ces conventions, la Convention de sauvegarde des droits de l'homme et des libertés fondamentales, a été signée dès 1950. Entrée en vigueur en 1953, elle a permis la mise en place d'un mécanisme de garantie (qui fait son originalité par rapport à d'autres déclarations des droits de l'homme) faisant intervenir, notamment, une Cour européenne des droits de l'homme qui va assez vite acquérir de l'autorité.

Toutes les institutions du Conseil de l'Europe ont leur siège à Strasbourg (selon l'article 11 du traité). En 1958, le Comité des ministres tient pratiquement une session par mois, parfois au niveau des ministres des Affaires étrangères, plus souvent au niveau des délégués des ministres qui sont en général les Représentants permanents des États membres auprès du Conseil de l'Europe. Vers la fin des années 1950, le secrétariat général s'efforce d'affirmer son rôle, à l'instar de l'Assemblée consultative qui a rapidement obtenu la liberté de son ordre du jour et mis en place des commissions permanentes. Elle est devenue une tribune où sont débattues nombre de questions d'intérêt européen. Ainsi, l'Assemblée qui n'a que peu de pouvoirs ne manque pas d'une certaine

---

sation qu'il aurait voulu appeler Union européenne de préférence à Conseil de l'Europe.

[5] Sur la création du Conseil de l'Europe, voir : M.-Th. Bitsch, « Le rôle de la France dans la naissance du Conseil de l'Europe », in R. Poidevin (dir.), *Histoire des débuts de la construction européenne, mars 1948-mai 1950*, Bruxelles, Bruylant, 1956, p. 165-198.

[6] Sur l'histoire du Conseil de l'Europe, voir J.-L. Burban, *Le Conseil de l'Europe*, Paris, PUF, 1985 et M.-Th. Bitsch (dir.), *Jalons pour une histoire du Conseil de l'Europe*, Berne, Peter Lang, 1997.

influence : les idées lancées à Strasbourg peuvent être reprises dans d'autres enceintes, y compris dans les Communautés.

III. L'Europe des Communautés

En 1958, les Communautés sont au nombre de trois, dont deux très récentes. Toutes les trois regroupent les mêmes six États fondateurs, trois « grands » (Allemagne, France, Italie) et trois « petits » (Belgique, Pays-Bas, Luxembourg). Ces Six font également partie de toutes les autres organisations européennes : ils forment une « petite Europe » à l'intérieur de l'OECE, du Conseil de l'Europe et de l'UEO. La notion de cercles concentriques existe donc déjà même si l'expression n'est guère utilisée. Ces Six correspondent aussi aux États membres de l'UEO moins le Royaume-Uni, ce qui souligne bien qu'ils sont vraiment le noyau initial et initiateur de la construction européenne. Bien regroupés en un ensemble compact, au cœur de l'Europe occidentale, ils forment un noyau central, du point de vue de la géographie mais aussi du point de vue de la politique. C'est le noyau dur de l'Europe en voie d'unification dans lequel les potentialités pour agir ensemble sont beaucoup plus grandes et les relations entre les États beaucoup plus étroites que dans les organisations intergouvernementales. Au sein de ce groupe, le couple France-Allemagne a déjà joué, à de multiples reprises, un rôle moteur essentiel dans la construction européenne[7].

Le tandem Schuman-Adenauer a joué un rôle décisif dans la création, en 1950-1951, de la première Communauté, la Communauté européenne du charbon et de l'acier (CECA). D'autres communications de ce colloque soulignent les nombreuses affinités (personnelles, spirituelles, idéologiques, politiques) qui rapprochent les deux hommes. Originaires de régions frontières (mosellane et rhénane)[8], attachés aux valeurs chrétiennes, imprégnés des idées du catholicisme social allemand que Schuman a connu dans le Reich d'avant 1914, ils exercent une grande influence – Adenauer encore plus que Schuman – dans leurs

---

[7] Sur le rôle du couple franco-allemand dans la construction européenne, voir, entre autres : R. Picht, W. Wessels (dir.), *Le couple franco-allemand et l'intégration européenne*, Bonn, Europa Union Verlag, 1990 ; M.-Th. Bitsch (dir.), *Le Couple France-Allemagne et les institutions européennes*, Bruxelles, Bruylant, 2001.

[8] Adenauer est né en 1876 à Cologne dont il a été le bourgmestre de 1917 à 1933, avant d'être destitué par les nazis. Schuman est né en 1886 dans le Grand-Duché de Luxembourg qui est le pays de sa mère ; son père est Lorrain, originaire de la Moselle annexée à l'Allemagne après la guerre de 1870. Schuman a donc la nationalité allemande à sa naissance et ne devient français qu'en 1918. Il fait des études de droit en Allemagne et il a ouvert en 1912 un cabinet d'avocat à Metz, dans le Reichsland d'Alsace-Lorraine.

partis politiques respectifs, CDU et MRP[9] ; ils peuvent se parler, en allemand, sans interprète ; surtout, ils ont le même désir d'unifier l'Europe pour surmonter l'inimitié « héréditaire » entre leurs deux pays et établir durablement la paix[10].

En 1950, cinq ans seulement après la fin de la Deuxième Guerre mondiale, quelques mois après la création de la RFA, qui est toujours occupée et loin d'avoir retrouvé toute sa souveraineté[11], c'est Robert Schuman qui prend une initiative en faveur de la réconciliation des deux pays, dans le cadre d'une Europe supranationale. Sur la base d'un projet inventé par Jean Monnet, il propose de « placer l'ensemble de la production franco-allemande de charbon et d'acier sous une Haute Autorité commune, dans une organisation ouverte à la participation des autres pays d'Europe »[12]. Il sait que ce projet, fondé sur l'égalité de droit entre les États membres, répond aux attentes de beaucoup d'Allemands. Mais, avant de le présenter publiquement, il tient à s'assurer du soutien du chancelier Adenauer[13]. Ce dernier, qui comprend immédiatement la portée politique du plan Schuman, se montre enthousiaste et contribue largement à l'aboutissement des négociations entre les Six, même si l'Allemagne ne manque pas de défendre ce qu'elle pense être ses intérêts nationaux, comme le font d'ailleurs tous les autres États. Le traité de Paris qui crée la CECA a été signé dès le 18 avril 1951 ; il est entré en vigueur le 23 juillet 1952 et les institutions ont pu se mettre au travail, à Luxembourg, en ce qui concerne la Haute Autorité (un collège de neuf membres indépendants des gouvernements), le Conseil spécial des

---

[9] Ce sont les partis chrétiens-démocrates, allemand (CDU : christlich-demokratische Union) et français (MRP : Mouvement républicain populaire).

[10] Sur la pensée et la politique européenne des deux hommes d'État, voir notamment deux grandes biographies : R. Poidevin, *Robert Schuman, homme d'État, 1886-1963*, Paris, Imprimerie nationale, 1986 ; H.-P. Schwarz, *Adenauer. Der Aufstieg : 1876-1952*, Stuttgart, DVA, 1986 et *Adenauer. Der Staatsmann : 1952-1967*, Stuttgart, DVA, 1991; voir aussi : K. Adenauer, *Mémoires*, t. 2 : *1945-1953* et t. 3 : *1956-1963*, Paris, Hachette, 1965 et 1969 ainsi que : R. Schuman, *Pour l'Europe*, Paris, Nagel, 1963.

[11] Ce n'est qu'avec les accords de Paris, signés en octobre 1954 et entrés en vigueur en mai 1955, que l'occupation prend fin et que la RFA retrouve l'essentiel de sa souveraineté sauf sur les questions concernant le traité de paix, la réunification de l'Allemagne et le statut de Berlin.

[12] Déclaration du 9 mai 1950, dite aussi « plan Schuman ». Sur le lancement du projet, voir P. Gerbet, « La genèse du plan Schuman », in *Revue française de Sciences politiques*, 1956, n° 3.

[13] Schuman envoie Robert Mischlich, l'un des membres de son cabinet, à Bonn pour informer le Chancelier dont l'accord est communiqué à Robert Schuman, par téléphone, le 9 mai en fin de matinée, quelques heures avant le discours du salon de l'horloge où Schuman dévoile le plan. Voir R. Mischlich, *Une mission secrète à Bonn*, Lausanne, Cahiers rouges de la Fondation Jean Monnet pour l'Europe, 1986.

ministres et la Cour de justice, ou à Strasbourg pour ce qui est de l'Assemblée commune qui siège dans les locaux du Conseil de l'Europe.

En 1958, la CECA vient de sortir de la période transitoire de cinq ans prévue par le traité. Elle semble donc bien consolidée. Mais, tandis que dans l'ensemble les économies européennes sont plutôt prospères, la CECA est alors confrontée à une grave crise charbonnière qui va se prolonger et s'aggraver en 1959 : crise de surproduction (ou, si l'on préfère, de mévente), crise économique donc, mais qui a des retombées sociales. Cette crise est un défi pour les institutions supranationales de la CECA. Elle va montrer que la Haute Autorité est moins puissante que d'aucuns ne le pensaient ou le craignaient puisqu'elle ne parvient pas à imposer les mesures qu'elle voudrait voir adoptées en invoquant l'état de « crise manifeste » prévu par le traité, en particulier la limitation des importations en provenance de pays tiers et l'établissement de quotas de production pour les Six. La Haute Autorité se heurte alors à l'opposition de certains États (Allemagne, France, Italie) qui refusent, au Conseil spécial des ministres, de voter l'avis conforme qui est nécessaire d'après le traité.

Mais, si la CECA traverse une phase difficile en 1958, elle peut aussi inscrire à son actif un certain nombre d'avancées de la construction européenne dont quelques-unes méritent d'être soulignées. La Haute Autorité a réussi à instaurer, dès 1953, en l'espace de quelques mois, le marché commun du charbon et de l'acier entre les Six. Grâce au prélèvement (un impôt européen sur le chiffre d'affaires des entreprises du secteur charbon/acier) et aux emprunts (placés, à cette époque, princi-palement aux États-Unis qui manifestent ainsi la confiance dont ils créditent la CECA), elle a pu réaliser d'importants investissements, notamment pour moderniser la production, assurer la formation de la main-d'œuvre, notamment des mineurs acculés à des reconversions, pour développer la recherche ou construire des maisons ouvrières. La CECA est devenue aussi un acteur sur la scène internationale : elle a réussi à entamer des coopérations avec des organisations européennes ou internationales (Conseil de l'Europe, GATT, etc.) et à établir des relations avec des États tiers qui établissent des missions auprès de la Haute Autorité à Luxembourg ou concluent avec elle des traités de coopération dont le plus connu est le traité avec le Royaume-Uni, signé fin 1954[14].

---

[14] Sur la CECA, voir en particulier : D. Spierenburg, R. Poidevin, *Histoire de la Haute Autorité de la Communauté européenne du charbon et de l'acier. Une expérience supranationale*, Bruxelles, Bruylant, 1993 ; A. Wilkens (dir.), *Le plan Schuman dans l'Histoire. Intérêts nationaux et projet européen*, Bruxelles, Bruylant, 2004.

La CECA sert de modèle – mais seulement partiellement – pour la Communauté économique européenne (CEE) et Euratom. Les critiques faites à la Haute Autorité, jugée trop supranationale et/ou trop dirigiste par certains, ont poussé les Six à adopter un système institutionnel légèrement différent. Mais l'infléchissement vers moins de supranationalité s'explique aussi par l'échec de la Communauté européenne de Défense (CED). Celle-ci avait été imaginée, à partir de l'automne 1950, en pleine guerre de Corée et à l'apogée de la guerre froide, pour permettre le réarmement de la RFA dans un cadre européen. Proposée une nouvelle fois par Jean Monnet, avec le soutien de Robert Schuman et de René Pleven (le chef du gouvernement français qui donne son nom au projet) cette armée européenne suscite des réticences et des oppositions, y compris dans des pays comme la Belgique ou l'Allemagne qui ont pourtant ratifié le traité. L'hostilité est plus vive encore en France où l'Assemblée Nationale le rejette en août 1954, nombre d'« anticédistes » ayant avancé – parmi d'autres arguments – que la France devait garder le contrôle de son armée. Dans la préparation du traité CED, la coopération Schuman/Adenauer a encore joué, non sans quelques tensions autour de ces questions ultrasensibles[15]. Mais, si Adenauer peut mettre son poids dans la balance pour faire adopter le traité malgré l'opposition des sociaux-démocrates allemands, Schuman n'est plus ministre des Affaires étrangères en France depuis janvier 1953.

De même, les deux hommes n'ont pas du tout le même rôle dans l'élaboration des traités de Rome. Robert Schuman, ministre de la Justice en 1955, au moment de la conférence de Messine, dans un gouvernement français devenu prudent, voire timoré, à l'égard de l'Europe, ne peut guère influencer la relance de la construction européenne. Comme président du Mouvement européen (qui est en perte de vitesse), il peut inciter les militants à soutenir la poursuite de l'intégration, mais sans avoir grande influence sur le processus. Par contre, Adenauer reste un acteur essentiel. D'abord, pour arbitrer, entre les différentes tendances qui s'affrontent au sein du gouvernement de Bonn, en faveur de la création de nouvelles Communautés[16]. Ensuite, pour faire avancer la négociation entre les Six, moyennant de nombreuses concessions au partenaire français, surtout sur des questions délicates comme Euratom, la politique agricole commune ou l'association des colonies d'Afrique

[15] Sur la CED, voir surtout : M. Dumoulin (dir.), *La Communauté européenne de défense, leçons pour demain ?*, Bruxelles, PIE-Peter Lang, 2000.

[16] H. J. Küsters, *Fondements de la Communauté économique européenne*, Luxembourg, Opoce, 1990.

noire, plus que sur les questions institutionnelles où l'accord se fait assez facilement[17].

Dans les nouvelles Communautés, le système institutionnel semble à première vue moins supranational que dans la CECA. Les décisions sont prises par le Conseil, ce qui rassure les gouvernements, et pas seulement celui de Paris qui était particulièrement vigilant. Mais elles sont adoptées sur la base de propositions de la Commission, qui incarne et défend l'intérêt général et peut, par conséquent, donner des impulsions vers plus d'intégration. De plus, des décisions de plus en plus nombreuses doivent progressivement être prises à la majorité qualifiée. Le Conseil doit aussi prendre l'avis de l'Assemblée parlementaire, ce qui n'est certes pas très contraignant. Mais l'Assemblée contrôle la Commission, avec une possibilité de censure, et le traité prévoit qu'elle pourra être ultérieurement élue au suffrage universel direct, ce qui lui donnerait plus de légitimité et des arguments pour exiger plus de pouvoir. Enfin, il revient à la Cour de justice de dire le droit dans l'application et l'interprétation des traités. Elle peut donc, de même que la Commission, veiller à la sauvegarde des principes communautaires. Au total, l'esprit qui avait été insufflé par Adenauer, Schuman, Monnet au moment de la création de la CECA n'est pas absent des nouvelles Communautés qui s'installent début 1958.

Reste la question du siège des institutions qui n'est pas réglée en janvier 1958. Le problème est plus aigu pour les Commissions et les Conseils que pour les deux institutions communes à la CECA, la CEE et Euratom. Ainsi, la Cour de justice continue à travailler à Luxembourg et l'Assemblée à ternir ses sessions à Strasbourg (mais son secrétariat est installé à Luxembourg). À la faveur de l'ordre alphabétique, la Belgique assure, la première, la présidence tournante semestrielle des Conseils, ce qui constitue une forte incitation à les tenir à Bruxelles. Quant aux Commissions, elles sont invitées à se réunir, en fonction des possibilités et des opportunités, à Luxembourg, Bruxelles ou Val Duchesse qui avait accueilli la conférence intergouvernementale des Six pour l'élaboration des traités de Rome et, de fait, il y aura, au début, des séances en des lieux encore plus variés.

IV. En conclusion

L'Europe de 1958 apparaît comme une construction à géométrie variable. Selon les organisations sont inclus six, sept, quinze ou dix-sept pays. Les plus étendues sont les organisations intergouvernementales (OECE et Conseil de l'Europe) ; les obligations pour les États membres

---

[17] É. Serra (dir.), *La relance européenne et les traités de Rome*, Milan, Giuffré, 1989.

n'y sont pas très contraignantes et les possibilités d'action y sont relativement limitées. Pour utiliser des expressions suggestives qui s'imposeront dans le langage européen quelques années plus tard : leur « élargissement » rapide semble avoir joué contre « l'approfondissement » de la coopération. Il est intéressant de noter que dans le cadre communautaire, il faudra attendre plusieurs décennies, la chute du mur de Berlin et la fin de la guerre froide, pour pouvoir regrouper presque tous les États de l'ancienne Europe occidentale. Ce n'est qu'en 1995, que l'Union européenne comptera quinze États membres. Pour l'heure, la Communauté se construit à Six, notamment parce que le Royaume-Uni, qui joue le rôle de chef de file des pays résistant à l'intégration supranationale, refuse de se lier trop étroitement aux pays du continent et privilégie des liens traditionnels avec les États-Unis et les pays de son ancien empire colonial.

En 1958, le paysage institutionnel a atteint une grande complexité. Chacune des six organisations, qu'elle soit interétatique ou supranationale, est dotée d'un organe ministériel – appelé Comité au Conseil de l'Europe, Conseil ailleurs – qui ne fonctionne pas partout de la même manière. Il prend les décisions, au moins les décisions politiques les plus importantes, à l'unanimité dans les organisations intergouvernementales, éventuellement à l'unanimité assouplie (possibilité d'abstention pour un État) ; il doit donner son avis conforme, selon les règles établies par le traité de Paris, pour certaines décisions de la Haute Autorité de la CECA ; dans la Communauté économique européenne, il décide pour le moment à l'unanimité, mais devrait assez vite le faire à la majorité qualifiée dans de nombreux domaines. À côté des Conseils de ministres, il existe dans les Communautés des exécutifs : Haute Autorité de la CECA, Commission CEE, Commission Euratom. Trois Assemblées cohabitent, dont les membres sont désignés de manière indirecte parmi les parlementaires nationaux et dont les pouvoirs – peu étendus – ne sont en aucun cas ceux d'un vrai Parlement : à Paris, l'Assemblée de l'UEO ; à Strasbourg, l'Assemblée consultative du Conseil de l'Europe et l'Assemblée parlementaire européenne (pour les trois Communautés). Il existe enfin deux Cours de justice : la Cour de justice des Communautés européennes, à Luxembourg et la Cour européenne des droits de l'homme, installée à Strasbourg, à côté du Conseil de l'Europe auquel elle est liée.

Cette énumération souligne la dispersion géographique des institutions. Sans compter les capitales européennes secondaires (Londres, Paris) qui accueillent l'une ou l'autre des instances des organisations intergouvernementales, il y a, rien que pour l'Europe communautaire, trois capitales qui ne sont cependant pas des capitales officiellement désignées mais des sièges considérés comme plus ou moins précaires ou provisoires : Strasbourg, choisie en 1949 pour le Conseil de l'Europe dont elle accueille toutes les institutions, en plus de l'Assemblée parlementaire européenne (des trois Communautés) qui prendra en 1962 le nom de Parlement européen ; Luxembourg, où siègent les institutions CECA, y compris la Cour de justice qui fonctionne à partir de 1958 pour les trois Communautés, mais à l'exception de l'Assemblée parlementaire dont seul le secrétariat est installé dans le Grand-Duché ; Bruxelles, la plus récente, qui accueille de fait, à quelques exceptions près, les sessions des Conseils et des Commissions des nouvelles Communautés.

Mais, alors que la complexité semble s'aggraver en 1958, il se produit en réalité une clarification, pour deux raisons. D'une part, il apparaît d'évidence que la CEE va constituer le cadre le plus pertinent pour la construction européenne, parce qu'elle préconise l'intégration économique générale, et donc, ni de simples coopérations, ni des intégrations sectorielles, mais un marché commun et des politiques communes, avec une référence au moins implicite au mythe du grand marché américain porteur de prospérité. D'autre part, aux yeux de beaucoup de contemporains, Bruxelles, qui est la capitale d'un petit pays, mais une grande ville attractive et relativement centrale pour les Six, se profile comme une vraie capitale des Communautés, ce qui est important pour l'Europe unie, dans l'ordre de la visibilité et du symbolique.

L'Université catholique de Louvain

Miroir et creuset de l'Europe
(XVᵉ-XXIᵉ siècles)

Geneviève DUCHENNE

Professeur invitée aux Facultés universitaires Saint-Louis et chercheur qualifiée de l'Université catholique de Louvain

I. L'Université réfléchit l'Europe

Les universitaires qui [...] peuvent participer aux belles manifestations qui accompagnent la remise d'un titre de docteur *honoris causa* dans une des universités fondées au Moyen Âge en Europe, prennent aujourd'hui la mesure de l'extraordinaire héritage dont bénéficient les étudiants européens six ou sept siècles après la création des premières universités.

Le 10 janvier 1958, l'Université de Louvain honorait Konrad Adenauer et Robert Schuman par un doctorat *honoris causa*[1]. En conférant ce titre à deux « Pères de l'Europe », l'un Allemand et l'autre Français, l'Université voulait célébrer les débuts de la construction européenne et, par-delà, la réconciliation franco-allemande[2].

La remise d'un doctorat *honoris causa* reflète les préoccupations de la société comme en témoigne ces dernières années, par exemple, la distinction de personnalités œuvrant pour l'amélioration de l'environnement, le développement durable, la liberté d'expression, etc. Les distinc-

---

[1] Notons ici qu'à Louvain l'usage du doctorat *honoris causa* remonte à 1874. Il fut longtemps conféré par les facultés. Le roi Baudouin devint, en 1951, le premier docteur *honoris causa* de l'Université. Voir http://www.uclouvain.be/dhc.html (page consultée le 1ᵉʳ février 2008).

[2] Voir Université catholique de Louvain, *Annuaire 1957-1959*, t. XCII : *1956-1957, 1957-1958, 1958-1959*, vol. II, p. 426 : « 10 janvier 1958 : journée historique pour l'Université catholique de Louvain qui eut l'insigne honneur de rendre hommage à deux promoteurs de la paix, de la réconciliation, de l'Europe Unie ».

tions « européennes » n'échappent évidemment pas à la règle puis-qu'elles révèlent, elles aussi, le climat politique ambiant.

Pour s'en convaincre, évoquons simplement les lendemains des deux guerres mondiales. Après 1914-1918, le titre permit à l'Université de saluer les vainqueurs de la Grande Guerre – Georges Clémenceau et le Maréchal Ferdinand Foch – et de remercier ceux qui contribuèrent à la reconstruction de l'institution détruite par la « fureur teutonne »[3]. Le président des États-Unis Woodrow Wilson reçut son diplôme en 1919 dans le cadre « très suggestif » des Halles universitaires en ruines. De même, les mois qui suivirent la fin du second conflit mondial furent, à leur tour, ponctués de cérémonies pour octroyer le prestigieux titre au président Charles de Gaulle, à l'homme d'État britannique Winston Churchill, au président Franklin D. Roosevelt, au général Dwight Eisenhower et au maréchal Bernard Montgomery...

Pourtant, si l'Université entendait honorer les « héros de guerre », la promotion, en décembre 1947, de la reine Wilhelmine des Pays-Bas augurait déjà un changement de perspective[4]. Certes, la presse de l'époque a présenté l'événement comme un honneur rendu à une « hé-roïne des temps de guerre ». Cependant, une recherche menée dans les archives rectorales de l'Université par le professeur Jan Roegiers a révélé que les autorités ont, à l'époque, davantage pensé à la convention d'union douanière qui, signée le 5 septembre 1944 par les Pays-Bas, le Luxembourg et la Belgique, entrait en vigueur le 1er janvier 1948[5], soit quelques jours après la cérémonie. Autrement dit, l'Université ambi-tionnait de se profiler dans une Europe en reconstruction en jouant la carte du Benelux[6].

---

[3]   Voir J. Horne, « L'invasion de 1914 dans la mémoire. France, Grande-Bretagne, Belgique, Allemagne », in *Traces de 14-18. France, Angleterre, Irlande, République tchèque, États-Unis. Actes du colloque international de Carcassonne 24-27 avril 1996.* Cet article est consultable à l'adresse suivante : http://www.imprimerie-d3.com/actesducolloque/home.html (page consultée le 11 février 2008).

[4]   J. Roegiers, « Een katholieke universiteit eert een christelijke vorstin », in *Trajecta. Tijdschrift voor de geschiedenis van het katholiek leven in de Nederlanden*, t. XIII, 2004, p. 400.

[5]   La convention d'union douanière signée le 5 septembre 1944 par les Pays-Bas, le Luxembourg et la Belgique constitue l'acte originel de la création du Benelux. Elle fut précédée d'un accord monétaire belgo-néerlandais en 1943 et entrera en vigueur le 1er janvier 1948.

[6]   J. Roegiers, « Een katholieke universiteit eert een christelijke vorstin », *op. cit.*, p. 415. L'historien ajoute qu'en comparaison avec les autres cérémonies de l'après-guerre, la promotion de la reine Wilhelmine reposait sur un large consensus au sein de l'Université et faisait partie d'une véritable stratégie académique puisque les contacts avec les universités néerlandaises se sont avérés durables.

L'optimisme entourant le projet Benelux sera de courte durée. Toutefois, il a véritablement généré un enthousiasme pour la cause européenne comme l'illustre encore la cérémonie du 2 février 1954 au cours de laquelle le Luxembourgeois Joseph Bech, ministre des Affaires étrangères et « autre Père de l'Europe », recevra le titre. Dans le discours que le Luxembourgeois prononcera pour l'occasion – il prendra la parole après Paul van Zeeland –, il sera ainsi question des premières années de fonctionnement de la Communauté européenne du charbon et de l'acier (CECA) – « étape révolutionnaire dans l'organisation des rapports entre États européens » – et des projets d'unification politique et militaire européenne[7]. C'était quelques mois avant l'échec de la Communauté européenne de Défense et, partant, de la Communauté politique européenne...

La vieille *Alma Mater* confirmera cet ancrage européen par la remise du prestigieux titre à d'autres acteurs de la construction européenne. Après la reine Wilhelmine des Pays-Bas (1947), Joseph Bech (1954), Konrad Adenauer et Robert Schuman (1958), l'Université honorera en 1962, Henri Brugmans, recteur du Collège d'Europe à Bruges[8] ; en 1964, André M. Donner, président de la Cour de justice des Communautés européennes ; en 1967, Walter Hallstein, président de la Commission des Communautés européennes (1958-1967) ; en 1970, Pierre Pflimlin, ancien président de l'Assemblée consultative du Conseil de l'Europe (1963-1966) ; en 1973, Sicco Mansholt, ancien membre et éphémère président de la Commission européenne (1958-1970) ; en 1985, Pierre Werner auteur du « Plan Werner » pour l'établissement d'une union économique et monétaire européenne ; en 1987, Jacques Delors, président de la Commission européenne (1985-1995) ; en 2000, Romano Prodi, président de la Commission européenne (1999-2004) ; en 2003, Pascal Lamy, membre de la Commission européenne en charge du Commerce.

Si la construction européenne est, à l'échelle de l'histoire, une préoccupation récente, nous voulons insister ici sur le fait que l'Europe fait, depuis plusieurs siècles, partie intégrante de l'*enceinte* universitaire[9].

---

[7] Le discours prononcé par Joseph Bech à cette occasion peut être téléchargé à l'adresse suivante : http://www.ena.lu/ (page consultée le 11 février 2008). Voir également *Annuaire de l'UCL 1954-1956*, vol. 2, Louvain, Publication universitaires de Louvain, 1957, p. 21-27.

[8] Cf. H. Brugmans, *Vingt ans d'Europe. Témoignages (1946-1966)*, Bruges, De Tempel, 1966, p. 361.

[9] J. Pacquet, « Aspects de l'Université médiévale », in *Les Universités à la fin du Moyen Âge. Actes du Congrès international de Louvain, 26-30 mai 1975*, Louvain, 1978, p. 3 : « Chacun de nous se souvient encore avec reconnaissance des maîtres qui l'ont formé aux disciplines universitaires. Ces maîtres eux-mêmes se rattachent à une

Non seulement, parce que l'université *réfléchit* son temps, mais parce que l'université est, par essence, une institution européenne. Dans la préface d'une étude consacrée à l'histoire de l'université, l'historien suisse Walter Rüegg énonçait remarquablement bien les différents éléments qui fondaient et fondent encore aujourd'hui l'européanisme de l'université. Quels sont-ils ?

Premièrement, la création des universités – il s'agit d'une création de l'Occident médiéval, de la Chrétienté – à la fin du XIIe siècle constitue l'événement dominant de l'histoire intellectuelle du XIIIe siècle[10]. Maîtres et étudiants constituèrent, à l'instar des autres corps de métiers, une corporation – c'est-à-dire une *universitas* – pour défendre leur indépendance et leurs privilèges en matière de liberté intellectuelle et d'enseignement[11]. Ensuite, l'université est la seule institution européenne dont la structure et la vocation initiale ont perduré jusqu'à aujourd'hui et dont le modèle s'est aussi largement exporté à travers le monde. Par ailleurs, en développant et en transmettant le savoir, en cultivant et en approfondissant les connaissances, l'université a généré une tradition intellectuelle propre à l'Europe. *In fine*, en formant une élite intellectuelle, l'université véhicule, depuis des siècles, des valeurs européennes communes qui transcendent toutes les frontières nationales :

> Mais [l'université] a posé des fondations qui ont résisté aux bourrasques. Elle a fourni des cadres, des institutions, des traditions. Des rivages de l'Atlantique aux plaines du monde slave, ses membres ont vécu à l'unisson, multiplié contacts et échanges, renforcé l'unité de la culture européenne […]. Elle a légué des œuvres, un esprit, un idéal, notre bien commun. Malgré des mutations dues aux contingences de l'histoire, elle a planté en terre d'Occident des racines profondes...[12]

L'Université, ferment de civilisation, constitue indéniablement l'une des racines d'une identité européenne forgée, cela s'entend, sur le long terme. Jacques Le Goff, enquêtant sur l'histoire des intellectuels au Moyen Âge, écrivait que « tout serait d'ailleurs beaucoup plus clair si on

---

tradition huit fois centenaire; ils sont comme autant de maillons d'une chaîne ininterrompue dont l'ancre plonge au cœur du Moyen Âge. Car le berceau des universités, c'est l'Occident médiéval ».

[10] J. Le Goff, *L'Apogée de la Chrétienté (v. 1180 – v. 1330)*, Paris, 1982, p. 85 (Voir l'Histoire).

[11] Remarquons ici, à la suite de Jacques Le Goff, que les corporations universitaires du Moyen Âge s'instituèrent selon deux modèles – le modèle parisien où maîtres et étudiants formaient une seule et même communauté et le modèle bolonais où seuls les étudiants formaient juridiquement l'*universitas*. C'est le modèle parisien qui l'a emporté. Voir J. Le Goff, *L'Europe est-elle née au Moyen Âge ?*, Paris, Seuil, 2003, p. 162-163 (Faire l'Europe).

[12] J. Pacquet, « Aspects de l'Université médiévale », *op. cit.*, p. 25.

abandonnait la coupure traditionnelle Moyen Âge / Renaissance et si on considérait un long Moyen Âge jusqu'au XIXe siècle ».

C'est pourquoi, dans le cadre de cette contribution, nous sonderons, d'abord, les profondeurs de l'espace et du temps pour renouer avec l'un des fondements de cette identité européenne, la mobilité étudiante avec laquelle les programmes Erasmus et Socrates et le processus de Bologne[13] entendent renouer pour construire l'Europe de demain[14]. L'évolution de la population étudiante au sein de l'université témoigne non seulement des aléas de l'histoire mais aussi de la réputation dont jouit l'institution. Ensuite, nous reviendrons sur quelques éléments qui, à travers le long XIXe et le tragique XXe siècle, ont forgé, par un effet de balancier, la conscience européenne de la vieille *Alma Mater*.

II. Louvain au fil des pérégrinations européennes (XVe-XVIIIe siècle)

Jusqu'au XVIIe siècle, toutes les universités enseignent en latin et la similitude des programmes et des grades académiques favorise la *peregrinatio academica*. Bien sûr, dès avant l'apparition des universités, maîtres et étudiants se déplacent d'un centre d'études renommé vers un autre. Toutefois, le pèlerinage académique se développe surtout aux XIIe et XIIIe siècles. Les principales universités sont alors Paris et Bologne – les plus anciennes –, Toulouse, Montpellier, Oxford, Cambridge, Salamanque et Padoue. Toutes entretiennent d'étroites relations : elles échangent leurs professeurs et leurs étudiants et manifestent ainsi le caractère européen du savoir. Vu le nombre restreint d'universités et la

---

[13] Nous n'entendons pas ici entrer dans les arcanes du débat qui entoure la mise en œuvre du processus de Bologne. Rappelons simplement qu'il a formellement débuté le 19 juin 1999 par la signature de la Déclaration de Bologne. Il vise à améliorer durablement la mobilité étudiante et la collaboration entre les différents établissements de formation au niveau européen et international. Des objectifs globaux – transparence et comparabilité, dans l'intérêt de la mobilité européenne – président à la plupart des réformes : modernisation des programmes d'études, introduction d'un système d'études à deux cycles et d'un système de crédits transparent, afin de faciliter la comparaison entre des diplômes obtenus dans des pays différents. Trente pays européens ont décidé de mettre en œuvre les objectifs de la Déclaration de Bologne. Celle-ci est consultable à l'adresse suivant : http://www.bologna-bergen2005.no/Docs/France/990719_Bologna_Declaration-Fr.pdf (page consultée le 11 février 2008). Pour mémoire, l'Université catholique de Louvain est entrée dans le processus de Bologne durant l'année académique 2004-2005.

[14] Pour les prémices de cette démarche, voir. G. Duchenne, M. Dumoulin, « L'européanisme et les étudiants étrangers », in J. Roegiers, I. Vandevivere (dir.), *Leuven / Louvain-la-Neuve. Aller Retour*, Louvain, Presses universitaires de Louvain, 2001, p. 225-234.

spécialisation de chaque centre, la mobilité étudiante est plus une question de nécessité que de choix.

Dans le courant des XIVe et XVe siècles, les fondations universitaires s'intensifient. Chaque contrée d'Europe possède alors sa propre institution. Le recrutement des étudiants devient par conséquent plus régional. Les statistiques disponibles semblent indiquer que, vers la fin du Moyen Âge, les trois quarts des étudiants se rendent dans l'université la plus proche de chez eux. Il faut attendre l'influence de l'humanisme italien pour qu'étudiants et professeurs renouent avec la tradition du voyage académique.

L'Université de Louvain, fondée en 1425, illustre bien cette tendance générale. Dès l'origine, le nouveau *studium generale* tente d'acquérir un caractère international[15]. Les relations intellectuelles qu'entretient Louvain avec Cologne et Paris, notamment dans l'échange d'étudiants et de professeurs, le démontrent[16]. L'organisation de la Faculté des Arts autour de quatre *nationes – Gallia, Flandria, Hollandia* et *Brabantia –* aussi. Imitant le modèle parisien[17], les étudiants *étrangers européens* qui étudient plus ou moins loin, partageant la même langue et venant d'une même région se regroupent autour d'une « nation ». Celle de France comprend des étudiants du royaume de France et du pays de Liège, du diocèse de Cambrai et du comté de Looz ; celle de Hollande réunit les ressortissants de Hollande, d'Utrecht, de Frise, d'Angleterre et de Scandinavie. La nation de Flandre regroupe les étudiants originaires de Malines et des comtés de Flandre, de Hainaut et de Namur. Enfin, la nation de Brabant rassemble non seulement des étudiants issus du duché de Brabant, mais aussi tous ceux venant des territoires non compris dans les autres catégories[18]. Cette division plus ou moins artificielle ne correspond pas strictement aux réalités « nationales ». Elle révèle la difficulté d'appréhender la notion d'*étranger* au Moyen Âge et de définir *stricto sensu* ce que cette réalité recouvre[19]. Toutefois, les autorités de la

---

[15] A.L. Gabriel, « The Universities of Louvain and Paris in the XVth Century », in *Les Universités à la fin du Moyen Âge, op. cit.*, p. 115-117.

[16] *Ibid.*, p. 82-132 et A.G. Weiller, « Les Universités de Louvain et de Cologne au XVe siècle », in *Les Universités à la fin du Moyen Âge, op. cit.*, p. 49-81.

[17] J. Le Goff, *L'Europe est-elle née au Moyen Âge ?, op. cit.*, p. 168 ; A. Gieysztor, « Management and Resources », in *Universities in the Middle Ages, op. cit.*, p. 114-118.

[18] L. van der Essen, « Les *nations* estudiantines à l'ancienne université de Louvain. Documents inédits », in *Bulletin de la Commission royale d'histoire de Belgique*, vol. 89, 1925, p. 238-239.

[19] Voir notamment C. Billen, « Les 'étrangers' au Moyen Âge et le cas des marchands dans les Pays-Bas », in A. Morelli (dir.), *Histoire des étrangers et de l'immigration en Belgique de la préhistoire à nos jours*, Bruxelles, 1992, p. 45-62.

ville de Louvain comprirent rapidement l'intérêt de la présence d'étrangers au sein de l'Université. Allant à l'encontre des facultés, elles s'efforceront de diminuer le montant dû par un étudiant étranger pour y être admis[20].

Il est assez rare qu'une seule université attire des étudiants venant de toute la Chrétienté. Seules celles de Paris et de Bologne, et dans une moindre mesure Padoue, peuvent s'en vanter. Partout ailleurs, les universités, même celles qui bénéficient d'un grand prestige intellectuel, comme Orléans, Oxford, Salamanque, Prague et Louvain, recrutent leurs étudiants essentiellement dans les régions avoisinantes[21]. L'étude des inscriptions – *intitulati* ou *immatriculati* – des étudiants de Louvain[22] permet de suivre l'évolution de la population estudiantine, sa provenance et donc sa sphère d'influence. Entre 1485 et 1527, alors que le nombre d'effectifs fluctue énormément[23], la plupart des étudiants sont originaires de la région flamande et des actuels Pays-Bas. Autrement dit, le recrutement devient de moins en moins important au fur et à mesure que l'on s'éloigne de cette aire géographique[24]. Néanmoins, certains restent attirés par la renommée de Louvain et des disciplines enseignées. Lorsque la Faculté de Théologie est fondée par le pape Eugène VI en 1432, on note un afflux d'universitaires parisiens. De même, plusieurs étrangers viennent étudier le droit canon et civil, ou la médecine. À la fin du XVe siècle, la France compte 436 médecins. Si 81,4 % d'entre eux ont étudié en France, l'Université de Louvain est alors le *studium*

[20] *Ibid.*, p. 50 ; A. L. Gabriel, « The Universities of Louvain and Paris », in *Les Universités à la fin du Moyen Âge, op. cit.*, p. 116.

[21] J. Verger, « Patterns », in *Universities in the Middle Ages, op. cit.*, p. 40.

[22] Pour l'analyse des inscriptions, voir *L'Université de Louvain 1425-1975*, Louvain, 1975 et *De Universiteit te Leuven (1425-1985)*, Leuven, 1986. Remarquons que les registres des inscriptions sont conservés pour les périodes allant de 1426 à 1569 et de 1616 à 1797 et que le matricule ne reflète que la première inscription de l'étudiant (*ibid.* p. 52-53). Les données relatives à la nationalité de l'étudiant ne sont précises qu'à partir de 1485. Ajoutons qu'il semblerait que les étudiants fréquentant l'Université n'ont pas tous été inscrits, Voir A. Van Belle, « La faculté des Arts de Louvain », in *Les Universités à la fin du Moyen Âge, op. cit.*, p. 47.

[23] Ils sont 500 vers 1475, 50 vers 1490 et plus de 750 vers 1520.

[24] 94 % d'entre eux viennent du comté de Flandre, du comté de Hainaut, du duché de Brabant et de la principauté de Liège. Entre 1426 et 1515, on compte 816 inscrits venus Picardie, Artois, Île de France, Champagne et Lotharingie ; 524 du Saint Empire de la Nation germanique, 270 d'Écosse, 69 d'Angleterre. Une minorité vient d'Italie (33), de Scandinavie et des pays baltes (24), d'Espagne (19), du Portugal (8), de Suisse (5) et d'Irlande (4).

étranger le plus fréquenté avec 17 *alumni* ; Louvain passe devant Salerne et Bologne[25].

Durant la première moitié du XVIe siècle, l'Université de Louvain devient le principal foyer d'humanisme en Europe du Nord/Ouest. Alors que Mercator s'y forme à l'astronomie, Érasme – il est, remarque Stefan Zweig en 1935, « le premier Européen », « le premier cosmopolite conscient »[26] – rêve d'y fonder le Collège des Trois Langues (latin, grec et hébreux) pour renouer avec la tradition classique. Le Collège sera effectivement érigé en 1517 soit à l'époque où Luther s'indigne contre la vente des Indulgences.

L'Université atteint son taux d'inscriptions le plus haut pour la période moderne : de 1528 à 1569, 25 498 étudiants ont étudié à Louvain. Cette renommée se traduit alors par un recrutement géographique plus large. Vers 1550, la plupart des étudiants viennent des régions qui forment l'actuelle Belgique, des Pays-Bas et du Nord de la France. Le nombre d'étudiants anglais, du fait de la réforme anglicane, triple par rapport à la période précédente (1485-1527), comme d'ailleurs le nombre d'étudiants allemands et italiens. Par contre, Écossais et Danois sont nettement moins nombreux. Quelques étudiants viennent encore de Pologne, de Norvège, des pays baltes, de Suède, de Yougoslavie et de Hongrie. L'augmentation la plus remarquable concerne les étudiants originaires de la péninsule ibérique. Les relations dynastiques qui lient les Pays-Bas à la couronne d'Espagne et du Portugal permettent, non seulement d'élever l'Université à un rang international, mais facilitent aussi les échanges avec les pays concernés[27]. Par contre, ses rapports « privilégiés » ne profitent pas aux étudiants des Pays-Bas qui sont très peu nombreux à franchir les Pyrénées. Au début du XVIe siècle, l'Université de Louvain, qui compte entre 8 et 12 % d'étudiants étrangers, est la plus importante après Paris et l'Italie.

Cette période s'achève brutalement. De nouvelles guerres (1551-1556), la fondation d'universités concurrentes (Douai, 1562 et Leiden, 1575) – alors que pendant 140 ans Louvain était la seule université des Pays-Bas –, les troubles religieux, l'insurrection contre l'Espagne (1570-1580), la peste (1578-1579) et la crise économique désaxent la vie universitaire.

Comme ailleurs en Europe, la Réforme et la Contre Réforme vont d'ailleurs profondément changer son visage et ses échanges. Quand la

---

[25]   H. De Ridder-Symoens, « Mobility », in *Universities in the Middle Ages, op. cit.*, p. 287.

[26]   Voir S. Zweig, *Érasme*, Réed., Paris, Grasset, 2003 (Les cahiers rouges).

[27]   Alors qu'entre 1426 et 1485, l'université ne compte que 5 étudiants de la péninsule ibérique, ils sont 46 entre 1486 et 1527, et 180 entre 1528 à 1559.

mobilité étudiante subsiste, elle ne joue qu'en fonction de la religion que professe l'institution. La peur de la contamination religieuse et politique est telle qu'un peu partout les autorités interdisent aux étudiants de fréquenter un *studium* étranger. Les Habsbourg catholiques sont particulièrement intransigeants : Charles Quint (1555) et Philippe II (1559) interdisent à leurs sujets de fréquenter une université située en dehors de leur juridiction[28].

Au début du XVIIe siècle, l'Université ne compte plus que 4 % d'étudiants étrangers et leur nombre ne cessera de décroître tout au long du siècle. Parmi eux, des ressortissants du Saint Empire, des Français, des Espagnols, des Italiens et quelques Polonais. Plusieurs Anglais et Écossais demeurent encore à Louvain, devenu le siège de la Contre Réforme. Mais que cette énumération ne trompe pas ! Le recrutement reste très limité géographiquement. Selon les registres d'inscriptions, 90 % des étudiants viennent des Pays-Bas espagnols. La même tendance se dessine pour le XVIIIe siècle, alors que Louvain devient une université nationale au sein des Pays-Bas autrichiens (1713). La plupart des étrangers sont toujours Anglais, Irlandais et Hollandais. Restant fidèles à la religion catholique, ils fuient les religions réformées de leurs pays respectifs. Notons ici que le premier étudiant américain est un dominicain du nom de De Meester. Il termine ses études en 1737[29]. Mais les luttes entre Français et Autrichiens et les troubles révolutionnaires réduisent considérablement le nombre d'inscriptions. Et le 25 octobre 1797, la République française met un terme à près de quatre siècles d'enseignement universitaire à Louvain. En octobre 1817, sous le régime hollandais, l'Université de Louvain rouvre ses portes, mais parmi ses étudiants, très peu d'étrangers…

III. Louvain au temps de la suprématie européenne (XIXe siècle)

C'est au cours du long XIXe siècle – siècle de révolutions libérales, sociales et nationales – que s'affirmeront tant l'hégémonie européenne que le « modèle » belge, libéral et bourgeois. « Petit pays de 5,5 millions d'habitants, ouvert, tourné vers l'exportation, deuxième puissance industrielle après la Grande-Bretagne »[30], la Belgique est aussi une

---

28   H. De Ridder-Symoens, « Mobility », in *A History of the University*, vol. 2 : *Universities in Early Modern Europe (1500-1800)*, Cambridge, 1992, p. 420.

29   *De Universiteit te Leuven, op. cit.*, p. 57.

30   G. Deneckere, « Les turbulences de la Belle Époque (1878-1905) », in E. Witte, E. Gubin, J.-P. Nandrin, *Nouvelle histoire de Belgique*, vol. 1 : *1830-1905*, Bruxelles, Complexe, 2005, p. 15 (Questions à l'histoire).

« terre d'accueil pour les étrangers »[31]. « On vient de partout dans la petite Belgique pour y étudier, non seulement l'organisation de la machine de l'État, mais celles de toutes les entreprises industrielles »[32] écrit en 1900, le secrétaire général de la Chambre de Commerce italienne de Bruxelles.

Par ailleurs, la présence belge dans le monde est, au tournant du siècle, en pleine expansion[33]. Elle contribue à faire connaître la Belgique et l'originalité de son système universitaire qui respecte la liberté d'enseignement. Économiquement prospère et politiquement libéral, le jeune Royaume bénéficie – il est vrai – d'une excellente réputation scientifique et technique. Les facultés d'ingénieurs regorgent d'étudiants étrangers. En ce sens, il faut souligner l'attrait qu'exercent les Écoles spéciales d'ingénieurs de l'Université de Liège. Elles atteignent un taux record de fréquentation étrangère[34].

La création à Louvain, en 1865, de l'École spéciale des Arts et Manufactures, du Génie Civil et des Mines marque un tournant dans l'histoire de l'Université. Deux ans plus tard, soit en 1867, l'*Annuaire de l'Université*, qui établit pour la première fois des statistiques propres pour ses étudiants étrangers, répertorie 133 étudiants non belges, soit 16 % de la population étudiante totale. Les étudiants étrangers ne viennent plus exclusivement des pays limitrophes :

Pendant le dernier quart du [XIXe] siècle et au début du XXe siècle des centaines d'étudiants polonais, russes, roumains et bulgares fréquentèrent les universités belges, surtout pour des études d'ingénieurs. Il vint aussi des Portugais, des Italiens, des Grecs, des Ottomans, des Perses, des Égyptiens, des Chinois et des Japonais, des ressortissants des colonies anglaises aux Indes, en Afrique occidentale et des Caraïbes, des colonies néerlandaises et aussi beaucoup de latino-américains.[35]

---

[31]   J. Stengers, *Émigration et immigration en Belgique au XIXe et au XXe siècles*, Bruxelles, 1978, p. 73.

[32]   Cité d'après M. Dumoulin, « Hommes et cultures dans les relations italo-belges (1861-1915) », in *Bulletin de l'Institut historique belge de Rome*, fasc. LII, 1982, p. 378.

[33]   M. Dumoulin (dir.), *Présences belges dans le monde à l'aube du XXe siècle*, Louvain-la-Neuve-Bruxelles, Academia, 1989 (Avant-Première, I). À propos du rôle des ingénieurs belges dans l'expansion, voir la contribution de D. Moureau, « Les ingénieurs belges et l'expansion (1895-1914) », in *ibid.*, p. 103-128.

[34]   Voir *Mémorial de la Société des ingénieurs et des industriels : XXVe anniversaire*, Bruxelles, Société belge des ingénieurs et des industriels, s.d.

[35]   Voir E. Stols, « Les étudiants brésiliens en Belgique (1817-1914) », in *Revista de Historia*, n° 100, 1974, p. 658 et *L'évolution des effectifs des étudiants latino-américains à l'UCL (1869-1984). Analyse des étudiants latino-américains dans la*

Ces derniers sont plus d'un millier à fréquenter une des universités belges entre 1850 et 1914. La Belgique, qui offre un modèle alternatif d'industrialisation et de modernisation, suscite alors un intérêt particulier sur le continent Sud-américain. Plusieurs personnalités belges, issues notamment du monde catholique, entretiennent des relations privilégiées avec l'Amérique latine. Nous retiendrons ici les noms du professeur Emiel Vliebergh et du cardinal Mercier[36]. Entre 1834 et 1914, 68 étudiants brésiliens se sont inscrits à Louvain[37].

Alors qu'entre 1879 et 1898, la présence étrangère à Louvain stagne (5 à 6 %) – résultat, sans doute, de la grande crise des années 1880 –, vers 1900, les étrangers sont plus nombreux. Aux côtés des flux traditionnels – Hollandais, Allemand, Français, Latino-américain –, on découvre quelques étudiants russes qui fuient la révolution de 1905, une dizaine d'Asiatiques sans doute influencés par les missionnaires belges et quelques Égyptiens. Les étudiants étrangers qui représentent 9 % de la population étudiante en 1898, atteignent 12 % en 1914. Au même moment, près de la moitié des étudiants inscrits à Liège sont étrangers.

**Évolution du nombre d'étudiants étrangers
à l'Université de Louvain (1867-1940)[38]**

Années académiques	1867-68	1914-15	1919-20	1929-30	1939-40
%	16	12	3	14	7
nombre absolu	133	332	110	553	333

Un glissement dans le recrutement géographique des étudiants étrangers s'amorce donc au XIXe siècle. Pendant tout l'Ancien Régime, l'étudiant *étranger* est *européen*. Au XIXe siècle, il ne l'est plus forcément. L'évolution de la population estudiantine de Louvain illustre bien la mondialisation des échanges universitaires. Au XIXe siècle l'Europe, qui perd son monopole, fournit entre 85 et 95 % des étudiants étrangers. À la veille de la Première Guerre mondiale, les Européens ne représen-

---

faculté des sciences économiques, sociales et politique (1978-1984), Cellule d'animation Amérique latine, UCL, octobre 1985.

36   E. Stols, « L'expansion belge en Amérique latine vers 1900 », in *Koninklijke Academie voor Overzeese Wetenschappen. Mededeling der zitting*, 1979, n° 2, p. 120-121 et « De culturele betrekkingen tussen Europa en Latijns-Amerika », in *Koninklijke Academie voor Overzeese Wetenschappen. Mededelingen der zittingen. Nieuwe reeks*, vol. XXXIII, 1987, p. 499-512.

37   Trente étudiants ont fréquenté la faculté de médecine, dix-neuf ont porté leur choix sur des études d'ingénieur et sept se sont inscrits en agronomie. Voir E. Stols, « Les étudiants brésiliens », *op. cit.*, p. 691.

38   Données tirées des *Annuaires de l'UCL* des années concernées.

tent plus que les trois quarts des étudiants étrangers et après 1918, seuls deux bons tiers sont encore originaires du Vieux Continent.

Si le modèle qu'offre la jeune Belgique explique une présence étrangère importante, il ne faut pas négliger la renommée particulière d'un professeur ou d'« une école » et les liens qui ont été noués avec des collègues au-delà des frontières. À cet égard, la présence, à Louvain, dans les années 1870-1880, de jeunes Italiens qui deviendront des figures importantes du *Movimento cattolico* est due aux contacts particulièrement denses entretenus par Victor Brants avec son ami Giuseppe Toniolo dans le domaine des sciences sociales[39].

Par ailleurs, dans le sillage du Congrès international de la paix de Milan de 1906, des contacts étroits seront noués entre Alfred Vanderpol – cet ingénieur lyonnais, proche du Sillon de Marc Sangnier, entend lancer un mouvement catholique pour la paix –, le cardinal Mercier et Auguste Beernaert[40]. L'ancien Premier ministre belge, prix Nobel de la paix en 1909, délégué aux conférences de La Haye[41] voit l'opportunité de défendre son projet de Cour internationale d'arbitrage[42]. Après la condamnation du Sillon par le Vatican en 1910 – le pape Pie X reproche au mouvement « d'avoir voulu passer de la *mystique* à la *politique* démocratique »[43] – Vanderpol décide de transférer ses activités en Belgique. Un « don anonyme » est versé à l'Université de Louvain pour y créer une chaire du droit des gens et l'Institut de droit international chrétien. Rebaptisée Union internationale pour l'étude du droit des gens d'après les principes chrétiens, elle voit le jour à Louvain les 27 et 28 octobre 1912 lors d'une réunion à laquelle participent des délégués allemands dont le père Lehmkül et Robert Schuman. Le professeur Édouard Descamps, spécialiste de droit international à Louvain, devient

---

[39] Voir http://www.azionecattolica.it/rj/biografia_Toniolo.pdf (page consultée le 11 février 2008).

[40] Les informations livrées dans ce paragraphe nous ont été aimablement transmises par Jérôme Wilson (doctorant en histoire) qui prépare actuellement un article sur « Les catholiques et la paix : l'Institut de droit international chrétien ». Qu'il soit ici chaleureusement remercié pour son aide.

[41] Les Congrès de La Haye (1899 et 1907) posèrent pour la première fois les principes d'arbitrage obligatoire et d'humanisation de la guerre soit des étapes importantes en matière de droit international. Voir É. Du Réau, *L'idée d'Europe au XXᵉ siècle*, *op. cit.*, p. 67-68.

[42] Voir S. Lorenzini, « Les États-Unis d'Europe and the First Nobel Peace Prizes. An Outline », in M. Petricioli, D. Cherubini, A. Anteghini, *Les États-Unis d'Europe. The United states of Europe. Un Projet pacifiste. A Pacifist Project*, Berne, Peter Lang, 2004, p. 135-149 (L'Europe et les Europes XIXᵉ et XXᵉ siècles).

[43] Ph. Chenaux, « Marc Sangnier », in J. Julliard, M. Winock (dir.), *Dictionnaire des intellectuels français. Les personnes, les lieux, les moments*, Paris, Seuil, 2002, p. 1249-1250.

président d'une Union qui en dépit de l'enthousiasme du chanoine Cauchie ne portera pas ses fruits. Alors que l'atmosphère internationale s'alourdit, les principaux promoteurs disparaissent. Après la guerre, le projet sera repris par d'autres sous la dénomination d'Institut de droit international chrétien, mais il fera l'objet d'un âpre combat entre Louvain et Fribourg. Toutefois, il inspirera, notamment, le père Yves de la Brière et don Luigi Sturzo...

IV. Louvain au temps de l'Europe rêvée (1919-1939)

En dépit de ces premières préoccupations « internationalistes », la jeunesse catholique belge ne semble guère s'être investie dans l'étude des questions de politique internationale. Du moins, c'est le constat que pose en 1935 un jeune étudiant en droit, Jacques Serruys, rédacteur en chef de *L'Universitaire catholique*. Alors qu'il tente de comprendre pourquoi « la tendance politique du jeune Belge d'avant 1914 restait assez pantouflarde »[44], il précise :

La jeunesse du début du siècle n'entretenait comme idéal politique pour la Belgique d'autre ambition que la prospérité matérielle du pays. [...] Peu au courant de la vie internationale dont elle n'avait cure [...], elle avait pris l'habitude de se contenter de ce petit train de vie existant et de ne jamais jeter de regards ni trop haut, ni trop loin.

Autrement dit, c'est « le coup de massue » de 1914 qui contraint « la Belgique à regarder dehors » et à ne plus décliner une « participation à la vie politique du continent »[45]. Or en Belgique, ce débat revêt des accents particuliers parce que le cataclysme de 1914-1918 – dont furent tragiquement victime Louvain et son Université[46] – pose, de façon inédite, la question de la place du pays sur la scène européenne[47].

Cette nouvelle préoccupation va se traduire par la formation de nombreux cercles politiques et littéraires – *L'Autorité, La Nouvelle Équipe, Les Jeunesses politiques, L'Esprit nouveau, L'Avant-Garde, La Parole universitaire, Chantiers, L'Universitaire catholique, Les Cahiers de la jeunesse universitaire catholique, La Scène universitaire*, etc. – qui ras-

---

[44] J.-W. Serruys, *Sous le signe de l'Autorité. Contribution à l'histoire des idées politiques d'après-guerre*, Bruxelles, Éditions de la Cité Chrétienne, 1935, p. 24.

[45] L. de Lichtervelde, *Méditations pour le Centenaire*, Bruxelles, Librairie A. Dewit, 1930, p. 40.

[46] Voir J. Horne, « L'invasion de 1914 dans la mémoire. France, Grande-Bretagne, Belgique, Allemagne », *op. cit.*

[47] X. Mabille, *Histoire politique de la Belgique*, Bruxelles, Crisp, 2000, p. 250 ; M. Dumoulin, V. Dujardin, E. Gérard, M. Van den Wijngaert, « Préface », in E. Witte, É. Gubin, G. Deneckere, *Nouvelle histoire de Belgique*, vol. 1 : *1830-1905*, Bruxelles, Complexe, 2005, p. xi.

sembleront de jeunes étudiants catholiques soucieux de comprendre et surtout de remédier aux délabrements des temps. « Quant à la vitalité de cette époque », se souviendra un ancien étudiant de Louvain, André Molitor[48], « je crois qu'elle s'explique par la conjonction et la coexistence pendant quelques années d'un certain nombre de jeunes gens qui avaient du goût pour des idées et un certain don d'initiative. C'est un phénomène bien connu dans la sociologie du monde étudiant que l'existence de grandes époques à côté de périodes creuses. J'ai eu la chance de vivre une grande période qui s'est étalée de 1929 à 1935 et même au-delà »[49]. Ce témoignage est corroboré par l'écrivain Henry Bauchau qui rejoint lui aussi, au milieu des années 1930, l'Université de Louvain : « Étonnant le nombre de journaux de jeunes qui foisonnaient alors », écrit-il dans *Le présent de l'incertitude*. « Il y avait à cette époque », poursuit-il, « entre la grande crise américaine, la montée du nazisme et la guerre qu'on sentait arriver, un grand mouvement d'idées »[50]. De fait, profitant de l'ère ouverte par les Accords de Locarno[51], ces « jeunes relèves »[52] catholiques se pencheront avec sérieux sur la question de

---

[48] André Molitor est né en 1911 à Kermancha en Iran. Docteur en droit de l'Université catholique de Louvain (1935), il est secrétaire puis chef de Cabinet du commissaire royal à la Réforme administrative Louis Camu (1937-1940). Parallèlement, il a été corédacteur en chef de *La Cité chrétienne* avec Henry Bauchau (1938 à 1940). Sous l'Occupation, il a travaillé au Commissariat général à la Restauration. Directeur de *La Revue nouvelle* (1945 à 1961), il a été chef de Cabinet de Pierre Harmel (1950-1958) et chef du Cabinet du roi Baudouin (1961-1977). Il est mort en juin 2005.

[49] A. Molitor, *Souvenirs. Un témoin engagé dans la Belgique du XXᵉ siècle*, Gembloux, Duculot, 1984, p. 96.

[50] H. Bauchau, *Le présent de l'incertitude. Journal 2002-2003*, Paris, Actes Sud, 2007, p. 216.

[51] La conférence de Locarno qui se tient sur les bords du Lac Majeur du 5 au 16 octobre 1925 avait pour objectif principal de mettre un terme aux oppositions nées du Traité de Versailles en ouvrant la voie à de plus amples échanges. Les Accords sont signés à Londres deux mois plus tard, entre la France (A. Briand), l'Allemagne (G. Stresemann), la Grande-Bretagne (A. Chamberlain), l'Italie (B. Mussolini), la Belgique (É. Vandervelde), la Pologne et la Tchécoslovaquie, garantissant le respect des frontières fixées par le Traité de Versailles (frontières franco-allemandes et belgo-allemandes), sans toutefois régler le sort des frontières orientales (Pologne et Tchécoslovaquie). En outre, l'Allemagne s'engage à respecter les accords concernant la zone démilitarisée de Rhénanie sous peine d'être attaquée. Voir J.-B. Duroselle, *Histoire des relations internationales de 1919 – 1945*, t. 1, Paris, Armand Colin, 2001, p. 80-81.

[52] L'historien français Olivier Dard – *Le rendez-vous manqué des relèves des années 1930*, Paris, Presses Universitaires de France, 2002, p. 9 (Le nœud gordien) – utilise le terme de « nouvelles relèves » pour préciser et étendre la notion de « non-conformistes des années 1930 » lancée par J.-L. Loubet del Bayle dans *Les non-conformistes des années 1930. Une tentative de renouvellement de la pensée politique française*, Paris, Édition du Seuil, 1969.

l'organisation de l'Europe. Si, au tournant des années 1930 et contrairement à leurs aînés, ces jeunes étudiants conspuent un Traité de Versailles jugé trop dur envers l'Allemagne, ils rêvent d'un nouvel ordre européen au sein duquel la Belgique aurait une place de choix dans une Europe pacifiée[53].

Pour approfondir la question, Étienne de la Vallée Poussin – après la Deuxième Guerre, devenu sénateur social-chrétien, il rejoindra mondiale le Mouvement européen – fonde en 1928 à Bruxelles le Cercle universitaire de politique internationale (CUPI)[54]. Il sera fréquenté tant par les étudiants en philosophie de l'Institut Saint-Louis que par les étudiants en droit de l'Université catholique de Louvain[55]. Affilié à la Fédération Universitaire pour la Société des Nations, le CUPI se subdivise en deux sections : la première étudiant les aspects généraux de la vie internationale, tels le fonctionnement de la Société des Nations, la Cour internationale de justice de La Haye, le Bureau international du travail, le problème des minorités, du désarmement ; la seconde « s'appliquant à l'étude des questions actuelles telles que l'Union européenne »[56]. De fait, le thème « européen » est à la mode depuis que le ministre français des Affaires étrangères, le socialiste Aristide Briand, a proposé, en septembre 1929 à la tribune de la Société des Nations, la création d'« une sorte de lien fédéral » entre les États de l'Europe[57]. Le débat suscité par ce discours propulse véritablement l'idée européenne dans l'espace public, notamment en Belgique, petit pays à l'économie ouverte.

En ce sens, il convient de noter que la prospérité économique « capricieuse mais satisfaisante »[58] des années 1920 se traduit par une aug-

---

[53] À ce sujet, voir G. Duchenne, *Esquisses d'une Europe nouvelle. L'européisme dans la Belgique de l'entre-deux-guerres (1919-1939)*, Bruxelles, PIE-Peter Lang, 2008, p. 119-202 (Euroclio. Études et documents, n° 40).

[54] Voir P. d'Alcantara, « CUPI », in *La Parole universitaire, numéro spécial consacré au Cercle universitaire de politique internationale*, n° 3, juin-juillet 1932, p. 315-318.

[55] Voir Archives du Groupe d'études histoire de l'Europe contemporaine (Gehec), UCL, Louvain-la-Neuve : Papiers Étienne de la Vallée Poussin (1921-1955).

[56] P. d'Alcantara, « CUPI », in *La Parole universitaire, numéro spécial consacré au Cercle universitaire de politique internationale*, n° 3, juin-juillet 1932, p. 315.

[57] À ce sujet, voir M. Dumoulin, « La Belgique et le plan Briand : l'annonce de réformes de structures au plan européen », in A. Fleury, L. Jilek (dir.), *Le plan Briand d'Union fédérale européenne : Perspectives nationales et transnationales, avec documents. Actes du colloque international tenu à Genève du 19 au 21 septembre 1991*, Berne, Peter Lang, 1998, p. 93-102 ; G. Duchenne, *Esquisses d'une Europe nouvelle*, *op. cit.*, p. 86 et suiv.

[58] K. Veraghtert, « Stupeur, désespoir et incertitude », in *Les années 1930 en Belgique. La séduction des masses*, Bruxelles, CGER-Ludion, 1994, p. 139.

mentation notable du nombre d'étudiants étrangers inscrits à Louvain (ils sont 3 % en 1919 et 14 % en 1929). Mais la crise économique des années 1930 provoque une baisse importante des effectifs (7 % en 1939). Cette période est aussi caractérisée par la montée des régimes totalitaires en Europe. Aussi, l'Université, tel un miroir, reflète donc, dans son flux et reflux d'étudiants, la situation politique qui prévaut en Europe et dans le monde.

À la suite de la révolution bolchevique d'octobre 1917, un nouveau flot d'étudiants russes, pris en charge par les catholiques belges[59], arrive à Louvain. Ils sont au nombre de 3 en 1919 et de 116 en 1925. Les statistiques établies par l'université révèlent aussi une importante présence d'étudiants ukrainiens, irlandais, iraniens et chinois. Ces derniers sont sans doute dirigés vers Louvain par le père Vincent Lebbe[60]. Espagnols, fuyant la guerre civile et Italiens antifascistes, s'inscrivent à Louvain. Parmi eux, un jeune juriste : Francesco Luigi Ferrari qui, souhaitant poursuivre ses études, s'inscrit, le 22 novembre 1926, à l'École des Sciences politiques et sociales de la Faculté de Droit de Louvain. Pendant les deux années que Ferrari consacre à sa thèse sur « Le régime fasciste italien », il noue d'étroits contacts avec Léon Dupriez et Jean Dabin. Ces éminents professeurs de droit l'introduisent auprès de nombreux catholiques belges dont Fernand Passelecq[61]. Ferrari, lui-même militant du Partito Popolare de don Sturzo[62], ne cessera, durant son exil en Belgique, de prendre la parole et la plume pour dénoncer les dangers des régimes totalitaires. Le 24 juillet 1928, il défend sa thèse et espère rejoindre le corps professoral de l'Université. Cependant, diverses manœuvres menées par les autorités fascistes italiennes l'en empêchent, à Louvain comme à Bruxelles[63].

Parallèlement à ces arrivées exceptionnelles, les anciens échanges subsistent, notamment avec le continent américain. Si la population

---

[59] Voir É. Emond, *Les émigrés russes à Namur (1923-1940)*, Mémoire de licence en Histoire, UCL, 1986-1987 et surtout J. Ener, *L'émigration russe blanche en Belgique durant l'entre-deux-guerres*, Mémoire de Licence en Histoire, UCL, 1994-1995.

[60] *L'Université de Louvain*, p. 311.

[61] Fernand Passelecq (1876-1951), avocat et publiciste démocrate-chrétien, offrit un grand soutien aux antifascistes italiens.

[62] Luigi Sturzo (1871-1951), homme politique et sociologue italien, fonde, en 1919, *le Partito Popolare*, un des grands mouvements de la démocratie chrétienne. Antifasciste, il quitte l'Italie en 1924.

[63] À propos de Francesco Luigi Ferrari (1889-1933), voir A. Morelli, « F. L. Ferrari au sein du monde universitaire, journalistique et politique belge », in G. Campanini (dir.), *Ferrari a cinquanta anni della morte. Atti del Convegno nazionale di studi (Modena 27-28 maggio 1983)*, Rome, 1983, p. 451-529 et R. Aubert, « L'immigration italienne en Belgique : 1830-1940 », in R. Aubert (dir.), *L'immigration italienne en Belgique. Histoire, Langues, Identité*, Bruxelles – Louvain-la-Neuve, 1985, p. 17.

latino-américaine reste importante – près de 50 étudiants en 1929, ils sont toutefois moins nombreux au sortir de la guerre – les échanges entre la Belgique et les États-Unis s'intensifieront grâce à la Commission for Relief in Belgium (CRB). Educational Foundation[64]. La CRB a été créé en 1914 pour gérer le ravitaillement en Belgique occupée. Elle est, dès le début, présidée par le futur président des États-Unis Herbert Hoover. La CRB travaille, pendant la guerre, en collaboration avec le Comité National de Secours et d'Alimentation dirigé par Émile Francqui (1863-1935). Hoover, avec la CRB, et Francqui, avec la Fondation Universitaire, ont cherché à approfondir les échanges belgo-américains initiés durant la Première Guerre mondiale. La CRB qui existe encore aujourd'hui sous le nom Belgian American Educational Foundation octroie depuis 1920 des bourses d'études à des universitaires belges et américains. L'association assure ainsi un échange de connaissances utiles aux deux pays. De 1920 à 1940, 178 étudiants de Louvain, bénéficiant d'une bourse de la CRB, poursuivent leurs études aux États-Unis[65]. Parmi ceux-ci, pour n'en citer que quelques-uns, Hubert Carton de Wiart, Charles du Bus de Warnaffe, Gaston Eyskens, Jean-Charles Snoy et d'Oppuers, Robert Triffin et Paul van Zeeland, etc. À l'occasion de ce séjour américain, ces jeunes gens prendront non seulement la mesure de la puissance américaine, mais aussi celle du déclin européen. « Je crois », écrit Paul van Zeeland à son retour en 1922, « à l'avenir des États-Unis. Ils ont de magnifiques atouts en main : ils savent comment s'en servir, et ils ont la volonté de gagner la partie. De l'autre côté de l'Océan, lèvera un jour une ample moisson de sciences et d'art. Si l'Europe affaiblie n'y prend garde, l'axe de sa civilisation pourrait bien changer son inclinaison plus tôt qu'on ne le pense. Quand sera-ce ? »[66]. Cette expérience américaine a durablement marqué cette génération qui – en quête de renouveau – sera amenée à jouer un rôle important

[64] Voir E. Fameree, « Échanges interuniversitaires entre la Belgique et les États-Unis de 1920 à 1940. Une synergie intellectuelle », Mémoire de licence en histoire, Université catholique de Louvain, 1993. Pour la période suivante, voir S. Van de Velde, « De l'UCL aux États-Unis, Les boursiers de la BAEF de 1964 à 1969 », Mémoire de Licence en histoire, Université catholique de Louvain, 2005.

[65] Voir *Belgian and American CRB fellows (1920-1950) : bibliographical directory*, New York, Belgian American educational Foundation, 1950.

[66] P. van Zeeland, « Quelques impressions des États-Unis », in *La Revue générale*, 15 septembre 1922, p. 277. Au sujet de l'expérience américaine de Paul van Zeeland, voir M. Dumoulin, « Paul van Zeeland, l'Europe et les États-Unis », in G. Duchenne, V. Dujardin (dir.), *Paul van Zeeland et les questions politiques et économiques de son temps, Louvain-la-Neuve*, Institut d'études européennes de l'Université catholique de Louvain, Louvain-la-Neuve, 2001, p. 13-16 (Travaux de l'Institut d'études européennes, n° 8).

dans l'histoire économique et politique de la Belgique et dans l'édification de l'Europe. Une Europe bien longue à venir...

V. Louvain au temps de l'Europe en action...

Réduits à une centaine d'étudiants pendant la Seconde Guerre mondiale, les ressortissants étrangers réapparaissent en force dès 1946. Mais, le recrutement géographique et sociologique se modifie par rapport à l'avant-guerre.

En effet, jusque dans les années 1980, l'Europe n'offre que peu d'effectifs en comparaison avec les pays du « Tiers monde »[67], notamment avec l'Amérique latine[68] et surtout l'Afrique. Bien que très peu présents dans les années 1950, les étudiants africains et, parmi eux, les Congolais deviendront, au fil des décennies, plus nombreux[69]. Notons qu'en 1954, est fondé un Centre Universitaire Congolais Lovanium grâce notamment à quelques professeurs « tiers-mondistes » acquis à l'idée du changement – comme les juristes Guy Malengreau, fondateur de Lovanium[70], Jacques Leclercq, Paul de Visscher et le philosophe Jean Ladrière[71].

---

[67] A. Beguin (e. a.), *Les étudiants étrangers à l'Université catholique de Louvain*, Louvain-la-Neuve, 1984, p. 19-26.

[68] À ce sujet, consulter C. Sappia, P. Servais (dir.), *Les relations de Louvain avec l'Amérique latine. Entre évangélisation, théologie de la libération et mouvements étudiants*, Louvain-la-Neuve, Academia-Bruylant / Archives de l'UCL, 2006.

[69] Ils sont 19 % en 1968, 29 % en 2000 et 22 % en 2007. Notons ici que le premier Congolais qui obtiendra un diplôme universitaire est Thomas Kanza. En 1952, il s'inscrit en faculté de psychologie et de pédagogie de l'UCL – le colonisateur préférant ces études à celles de droit ou de sciences politiques, jugées trop subversives. Thomas Kanza deviendra, notamment, ministre délégué à l'ONU dans le gouvernement de Patrice Lumumba (1960) et ministre des Affaires étrangères de la République populaire du Congo (1964). Sous le régime de Laurent Désiré Kabila, il réapparaît sur la scène politique en occupant plusieurs fonctions ministérielles et diplomatiques, notamment en tant qu'ambassadeur extraordinaire et plénipotentiaire à Stockholm. À propos de Thomas [Nsenga] Kanza (1935), voir K. Moyanso wa Lokwa, *Who's who in Zaïre. Dictionnaire biographique*, 1987, Bruxelles, p. 113. et la contribution de J. Vellut, « L'Afrique dans les horizons de l'Université catholique de Louvain », in *Leuven / Louvain-la-Neuve, op. cit.*, p. 205-224.

[70] Voir Archives du Monde catholique (ARCA), Louvain-la-Neuve : Papiers G. Malengreau.

[71] Voir I. Kndaywel è Nziem, *Histoire générale du Congo. De l'héritage ancien à la République Démocratique*, Paris-Bruxelles, 1998, p. 504-507.

Évolution du nombre d'étudiants étrangers
à l'Université de Louvain (1945-2007)[72]

	Université de Louvain	
	%	Chiffres
1945-46	7	519
1948-49	7,4	548
1958-59	7,9	1 006
1968-69 *	11,2	2 951

	UCL		KUL	
	%	Chiffres	%	Chiffres
1978-79	18,2	3032	4,8	972
1988-89	18,5	3344	6,7	1533
1998-99	17,9	3573	9,9	2440
2000-01	18	3589	8,8	2070
2006-07**	16,22	3280	12,33	4011

Légende :
*Année de la scission de l'Université catholique de Louvain en deux Universités autonomes : une francophone (UCL) et une néerlandophone (KUL).
** L'Université réalise ses statistiques le 1er février de l'année académique en cours. Pour l'année académique 2006-2007, il s'agit des chiffres au 1er décembre 2006.

Toutefois, Louvain demeure, comme dans l'entre-deux-guerres, une destination importante pour les étudiants opposés au régime politique de leur pays. Des centaines de personnes déplacées, fuyant le communisme qui s'abat irrémédiablement sur l'Europe de l'Est, rejoignent Louvain. Citons, parmi tant d'autres, l'exemple de Jan Kulakowski. Ce Polonais, devenu docteur en droit en 1953, soutiendra activement l'organisation syndicale indépendante Solidarność avant d'entamer une carrière diplomatique, en menant les négociations d'adhésion de la Pologne à l'Union européenne. Plusieurs Hongrois aussi rejoignent la vieille *Alma Mater*, tels Rudolf Rezsohazy, docteur en histoire, et Alexandre Lamfalussy, qui, licencié en sciences économiques (1952), présidera de 1994 à 1997 l'Institut Monétaire Européen. Ces deux amis, devenus professeurs à l'UCL, ont décidé, lors de l'hiver 1948-1949, d'émigrer en Belgique. « Mon aventure semble exceptionnelle à présent, mais quand on est dedans ce n'est pas grand-chose... », raconte le professeur Lamfalussy en évoquant sa fuite de Hongrie. « [...] Cependant, c'était une émigration sélective. On ne fuyait pas dans le sens physique du terme. On aurait pu rester, mais ce n'était pas plaisant »[73]. Les échos de la guerre

---

[72] Données tirées des *Annuaires* et des *Programmes d'études* de l'UCL et de la KUL des années concernées.

[73] Entretien avec A. Lamfalussy, Louvain-la-Neuve, le 15 février 1999.

froide retentissent donc jusqu'à Louvain où l'on remarquera aussi, dans les années 1970, une présence importante d'étudiants Nord-américains, mais aussi Sud-vietnamiens[74].

Depuis une vingtaine d'années, un nouveau glissement s'opère. La proportion des étudiants issus de l'Union européenne ne cesse de s'amplifier. Alors qu'elle était de 20 % en 1977, elle atteint aujourd'hui près de 60 % (Union européenne) et 64 % si l'on prend en compte les pays hors Union européenne[75]. Cette augmentation « européenne » se fait clairement au détriment des échanges avec les autres parties du monde – notamment l'Amérique (29,7 % en 1973 contre 6 % en 2006) et l'Asie (12,9 % en 1973 contre 4 % en 2006). Elle doit évidemment beaucoup au programme Erasmus lancé en 1987 par la Communauté européenne. Ce programme qui a fêté l'année dernière ses vingt ans d'existence favorise la mobilité des étudiants à travers l'Europe – et renoue ainsi avec une certaine *peregrinatio* médiévale. Jouant sur l'*européanisme* de l'université, la Communauté européenne puis l'Union européenne entend s'en servir au travers de différents programmes[76] pour développer la dimension européenne de l'enseignement supérieur. Le programme Erasmus a permis à 1,5 million d'étudiants de partir à l'étranger et « il en a fait rêver des millions d'autres sans parler des copains et de leurs familles ; c'est le seul programme financé par Bruxelles qui soit devenu, après la sortie du film *L'Auberge espagnole* en 2001, une sorte de mythe »[77]. Si Louvain – à l'instar des autres universités belges – ne figure pas au palmarès des vingt universités les plus choisies[78], il demeure que, selon les statistiques du Conseil des Recteurs des Universités francophones de Belgique (CRef), le nombre d'étudiants européens inscrits dans l'une des universités francophones du pays ne cesse de

---

[74] C. Braeckman, *Les étrangers en Belgique*, Bruxelles, Éditions de la vie ouvrière 1973, p. 249.

[75] CRef, « Statistiques de base 2007. Étudiants par région du monde (année académique 2006-2007) – situation 1er décembre 2006 », disponible à l'adresse suivante : http://www.cref.be/Stat_base.htm (page consultée le 11 février 2008).

[76] Comme les programmes Erasmus, Socrates, Lingua, Comett et Tempus. Voir http://ec.europa.eu/education/programmes/socrates/erasmus/stat_en.html

[77] Voir l'éditorial de l'émission d'Arte « Erasmus le bien nommé ». http://www.arte.tv/fr/histoire-societe/europe/NAV__Erasmus/1531290,CmC=1531172.html (page consultée le 11 février 2008).

[78] L'Espagne est le pays le plus fréquemment choisi (Grenade, Madrid, Valence, Barcelone, Séville, Salamanque, Alicante, Saragosse), suivi de l'Italie (Bologne, Florence, Rome), de l'Allemagne (Berlin), de la Suède (Lund) et de l'Autriche (Vienne). http://www.touteleurope.fr/fr/union-europeenne-en-action/les-politiques-europeennes/education-formation-jeunesse/les-20-ans-d-erasmus/tableau-des-universites.html (page consultée le 11 février 2008).

croître : au nombre de 3 712 lors de l'année académique 1987/1988, ils seront 5 142 dix ans plus tard et 7 926 en 2005/2006[79].

Toutefois, l'engagement européen de l'Université remonte bien en amont du lancement de ces programmes d'échanges. Sans revenir sur l'apport des nombreuses réflexions menées dans l'entre-deux-guerres, bornons-nous ici à signaler quelques initiatives qui en témoignent.

À l'occasion de l'Exposition universelle de Bruxelles de 1958 – véritable célébration de l'utopie et du progrès[80], elle sera abondamment revisitée en cette année jubilaire[81] – l'Université catholique de Louvain crée une Commission de l'Exposition pour accueillir des étudiants étrangers[82]. « Six mille étudiants étrangers peuvent être logés à Louvain » annonce fièrement la revue *Lovania* qui ajoute : « Chaque jour, des visites sont organisées au départ de la cité universitaire. Un hôtel pour étudiants est construit : bâtiment en verre et béton, 56 chambres, 16 salles de bain, téléphone intérieur, installation de radio et TV, restaurant pour 100 convives, salles de réunion, de cinéma et bar »[83].

Le Cercle des Relations internationales joue, en cette année 1958, un rôle important grâce à l'énergique professeur Omer De Raeymaeker. Alors qu'il a usé de son influence pour promouvoir les candidatures de Robert Schuman et de Konrad Adenauer au titre de docteur *honoris causa* de l'École des Sciences politiques et sociales[84], il entend, par le truchement du Cercle, assurer une présence massive des étudiants à la cérémonie du 10 janvier 1958.

C'est au printemps 1945 qu'Omer De Raeymaeker créait, vraisemblablement sur les cendres de l'ancien CUPI[85], le Cercle des relations internationales pour susciter à l'Université l'intérêt autour des questions

[79] CRef, « Statistiques de base 2007. Tableau 4 : Évolution du nombre total d'étudiants étrangers par région du monde (année académique 1987/1988 à 2005/2006) – situation fin d'année académique », disponible à l'adresse suivante : http://www.cref.be/ Stat_base.htm (page consultée le 11 février 2008). En 2006/2007, la première université à accueillir le plus grand nombre d'étudiants étrangers est l'ULB (5 299 étudiants, soit 26,63 %), suivie l'Université catholique de Louvain (3 280 étudiants soit 16,22 %), puis de l'Université de Liège (2 991 étudiants soit 19, 56 %).

[80] D. Couvreur, « Expo 58 : le Bonheur, c'est pour demain… », in *Le Soir*, 23 février 2008.

[81] J.-P. Stroobant, « Bruxelles nostalgique de l'Exposition universelle de 1958 », in *Le Monde*, 1 mars 2008.

[82] « Louvain et l'exposition de 1958 », in *Lovania. Critique idées tendances*, 2e trimestre 1958, n° 7, p. 149.

[83] *Ibid.*

[84] Voir la contribution de G. Courtois dans ce volume.

[85] Voir *supra*.

internationales[86]. Soutenu par Frans Van Cauwelaert et Paul van Zeeland[87], Omer De Raeymaeker entend rompre avec le particularisme des jeunes intellectuels, notamment en Flandre, en organisant diverses activités pour de jeunes gens avides de connaître les défis du monde de l'après-guerre[88]. Très tôt, le Cercle posera son regard sur l'Europe. L'année 1955 est d'ailleurs marquée par la venue de Robert Schuman. L'éminente personnalité française sera suivie par Walter Hallstein, Henri Brugmans, Sicco Mansholt, Jean-Charles Snoy et d'Oppuers, Jean Rey et Paul-Henri Spaak[89]. Autrement dit, De Raeymaeker a souvent profité des cérémonies des doctorats *honoris causa* pour organiser, avec l'un des récipiendaires, une conférence au Cercle des relations internationales[90].

Mais, l'intérêt pour l'Europe n'émane pas seulement des sphères académiques. Dès la fin de l'année 1950, un jeune étudiant en philosophie et lettres, Robert Bultot, fondait un Cercle des étudiants européens de l'UCL[91]. Le groupement qui étudie les problèmes politiques, économiques, culturels et sociaux de l'Europe Unie, se rattache assez rapidement au Mouvement belge pour les États-Unis d'Europe présidé par Albert Lohest et rejoint par le socialiste Raymond Rifflet et le démocrate-chrétien Jean Buchmann[92]. Les dirigeants du Mouvement européen, conscients du rôle que les étudiants ont à jouer dans la propagation de l'idée d'Europe unie, tentent alors de coordonner les différents cercles universitaires, à l'instar du Cercle des étudiants européens de l'ULB (1949). La portée du document « Appel à tous les Étudiants de Belgique » témoigne de l'importance que revêt une collaboration qui transcende les clivages idéologiques pour parvenir à unifier l'Europe.

---

[86] M. Brike, « Professor Dr O. De Raeymaeker, stichter en bezieler van de Kring voor Internationale Betrekkingen te Leuven », in *Belgisch buitenlands beleid en internationale betrekkingen. Liber Amicorum Professor Omer De Raeymaeker*, Louvain, 1978, p. 51.

[87] *Ibid.*, p. 22.

[88] *Ibid.*, p. 52.

[89] *Ibid.*, p. 53.

[90] Archives de la Katholieke Universiteit Leuven (AKUL), Papiers Van Waeyenbergh, n° 11 685, Lettre d'O. De Raeymaeker à Mgr Van Waeyenbergh, Louvain, 4 décembre 1956.

[91] Voir Archives du Groupe d'études histoire de l'Europe contemporaine (Gehec), Louvain-la-Neuve : Papiers Robert Bultot. Cercle européen de l'UCL (1947-1952).

[92] Voir N. Tordeurs, *Naissance des mouvements européens en Belgique (1946-1950)*, Bruxelles, 2000, p. 36-44 (Euroclio. Études et documents, n° 6).

Appel à tous les Étudiants de Belgique

Conscients de la gravité de la situation internationale, conscients des lourds dangers qui menacent actuellement les libertés de l'Europe, nous nous sommes réunis aujourd'hui, étudiants des quatre Universités de Belgique et du Collège d'Europe à Bruges, afin de concentrer nos efforts, afin de préserver notre patrimoine commun, afin d'apporter notre contribution à l'édification de l'Europe nouvelle.

En ce moment, où nous nous rassemblons en vue d'une action commune, nous sommes conscients de tout ce qui nous sépare, de tout ce qui nous divise. Mais nous avons décidé de nous réunir en dépit de toutes nos divergences. Au delà de toutes les différences d'opinions philosophiques, politiques ou religieuses, au delà de toutes les divisions sociales, nous aspirons à un même objectif, car nous savons que nous n'avons pas le choix — aujourd'hui il faut faire l'Europe ou mourir.

Nous nous promettons de ne pas nous séparer avant que notre volonté se soit réalisée, avant que les gouvernements nationaux n'aient institué une autorité politique supra-nationale, soumise au contrôle démocratique d'une Assemblée élue au suffrage universel par les peuples européens.

Nous adressons ici un appel à tous les jeunes de Belgique et d'Europe qu'ils viennent se joindre à nous et nous mènerons le combat ensemble.

Bruxelles, le 8 décembre 1950.

Association des Etudiants du Collège d'Europe à BRUGES.

Cercle des Etudiants Européens de l'Université Libre de BRUXELLES.

Cercle des Etudiants Fédéralistes Européens de l'Université de GAND.

Cercle des Etudiants Fédéralistes Européens de l'Université de LIEGE.

Cercle des Etudiants Européens de l'Université Catholique de LOUVAIN.

Papiers Robert Bultot. Cercle européen de l'UCL (1947-1952), Gehec / Archives de l'Université catholique de Louvain.

Dans les années 1960, aussi, toute une génération d'étudiants, de chercheurs et de professeurs vibra aux appels « à plus d'Europe » qu'un Paul-Henri Spaak, par exemple, vint lancer à plusieurs reprises à Louvain. Dans ce climat, plusieurs professeurs de la Faculté des Sciences économiques, sociales et politiques, parmi lesquels l'européiste Jean Buchmann[93], élaborèrent le projet, qui vit le jour en 1967, d'un enseignement spécialement consacré aux matières européennes, puis d'un Centre, devenu Institut d'études européennes, tourné vers la recherche en ce domaine. Parallèlement, l'Université honorait les premiers acteurs

---

[93] Le militantisme de cette personnalité influente du Parti social chrétien (PSC) remonte à 1942 lorsque, au nom de l'idéal européiste, il lance le groupe clandestin « Troisième Force ». Ce mouvement deviendra, en 1946, le Rassemblement fédéraliste. Jean Buchmann participera, en mai 1948, au Congrès de l'Europe de La Haye. À ce sujet, voir G. Duchenne, « La délégation belge au Congrès de La Haye », in *Autour du Congrès de La Haye. Actes du colloque internationale de Paris des 15, 16 et 17 mai 2008*, Bruxelles, PIE-Peter Lang, [à paraître en 2008].

de la construction européenne par l'octroi du prestigieux titre de docteur *honoris causa*[94].

Enfin, terminons ce tour d'horizon par un plaidoyer *pro domo*... Le Groupe d'étude de l'histoire de l'Europe contemporaine (Gehec) a été créé en 1987. Depuis lors, il a promu dans le cadre de la Chaire Jean Monnet d'histoire de l'Europe contemporaine de l'UCL un grand nombre de recherches, de publications, de rencontres scientifiques – de l'atelier au colloque international – de projets collectifs et de mise en réseau de chercheurs, enseignants et centres de recherche en Europe. Depuis 2000, le Gehec se réunit chaque premier mardi du mois dans le cadre d'un séminaire de recherche qui permet d'entendre et discuter, l'exposé tantôt d'un jeune chercheur, tantôt d'un expert, venant de l'UCL, d'une autre université belge ou de l'étranger. La présence régulière au séminaire de praticiens d'autres disciplines des sciences humaines et sociales entend servir la sensibilisation aux approches pluridisciplinaires. Fort d'une trentaine de membres, le Gehec est un outil d'animation de la recherche qui encourage l'intervention de ses membres dans les médias à propos de sujets faisant aussi l'objet de conférences pour un large public, de sessions de formation et d'autres services à la demande. Dépositaire d'un nombre conséquent de fonds d'archives, le Gehec, en étroite collaboration avec le service des archives de l'UCL, complète, par la mise à disposition d'une importante documentation, son rôle de centre scientifique et de service qui se veut un carrefour dans le maillage de l'espace européen de la recherche dans le domaine de l'histoire de la construction européenne, celui des relations extérieures de la Belgique et du rapport de celle-ci à l'Outre-Mer. Le Gehec, enfin, a acquis une expérience reconnue dans le domaine de la recherche biographique ainsi que dans celui de l'histoire des réseaux[95].

* *

*

L'Université est le creuset de l'Europe parce qu'elle participe, depuis des siècles, de par sa vocation initiale, à l'histoire de la civilisation européenne. L'Université est aussi le miroir de l'Europe parce qu'elle reflète, dans ses préoccupations, dans le flux et le reflux d'étudiants, l'état du monde qui l'entoure. En ce sens, l'Université est aussi, depuis la Deuxième Guerre mondiale, témoin d'une Europe en construction – construction à laquelle elle entend, elle aussi, réfléchir, sinon prendre

---

[94] Voir *supra*.

[95] Voir http://www.uclouvain.be/gehec.html (page consultée le 11 mars 2008).

part... Mais, cette Université européenne est aussi, à l'aube du XXIᵉ siècle, à la croisée des chemins.

À l'heure où se profilent l'académisation[96] et les restructurations, la vieille *Alma Mater* de Louvain ambitionne toujours une place de choix dans un espace européen lui aussi en pleine mutation. Mais, le défi à l'avenir sera bien de combiner une vieille tradition intellectuelle européenne tout en s'adaptant aux défis du monde contemporain...

---

[96] À l'horizon 2010, l'Université catholique de Louvain, les Facultés universitaires Saint-Louis de Bruxelles, les Facultés Notre-Dame de la Paix de Namur et les Facultés universitaires de Mons devraient fusionner.

DEUXIÈME PARTIE

REVISITER L'ÉVÉNEMENT

Entre pardon du passé
et exaltation de l'Occident chrétien

Michel DUMOULIN

Professeur ordinaire à l'Université catholique de Louvain

Si l'année 1958 est une année marquante au plan européen, elle l'est aussi au point de vue de l'histoire de la Belgique contemporaine.

I. La Belgique de 1958

Alors que le traité Benelux est signé le 2 février, le gouvernement de la coalition formée quatre ans auparavant par les socialistes et les libéraux sous la direction du Premier ministre Achille Van Acker se prépare aux élections législatives. Mais celles-ci doivent-elles être organisées avant ou après l'inauguration de l'exposition universelle de Bruxelles prévue pour le 17 avril 1958 ?

Cette question apparemment futile constitue pourtant un point important dans la stratégie des partis politiques. En effet, l'opposition parlementaire, essentiellement le parti social-chrétien, craint de voir le gouvernement sortant revendiquer le succès de l'Expo auprès d'électeurs dont l'attention serait détournée des enjeux du scrutin par l'ambiance festive régnant en Belgique et dans sa capitale. C'est pourquoi, en décembre 1957, le PSC (Parti social-chrétien) – CVP (Christelijk Volkspartij) demande au Premier ministre de placer la date des élections avant le 17 avril non sans invoquer un motif qui prête à sourire puisque, si l'on suit Gaston Eyskens, il fallait éviter que « les visiteurs étrangers soient les témoins des luttes politiques dans notre pays »[1].

De quelles luttes s'agit-il ? La question scolaire est encore et toujours au cœur des polémiques. Mais ce n'est pas le seul problème ou à tout le moins la seule question susceptible d'alimenter les programmes électoraux. Celui des sociaux-chrétiens est important car il traduit des orientations qui, à moyen voire à long terme, se révèleront déterminantes. En

---

[1] G. Eyskens, *De Mémoire*, Tielt, Lannoo, 1993, p. 429.

effet, si la promesse de réduire la durée du service militaire à douze mois et celle d'une aide exceptionnelle aux entreprises agricoles afin qu'elles améliorent leur productivité relèvent du court terme, les réformes envisagées en vue de favoriser un large accès à l'enseignement universitaire, moderniser les infrastructures économiques, lancer une politique d'expansion régionale, augmenter les pensions des ouvriers, employés et indépendants, et réaliser un ambitieux programme de construction de maisons familiales, s'inscrivent dans la durée. Ils illustrent aussi un choix en matière de politique économique qui se veut une « politique de prospérité » puisque l'ambition est d'« obtenir, en dix ans, grâce aux progrès scientifiques et techniques, une augmentation du revenu national de plus de 40 % malgré les variations de la conjoncture »[2].

À ces champs de tension idéologiques, sociaux et culturels, il convient d'ajouter le champ linguistique et communautaire révélateur d'une évolution plus structurelle caractéristique de cette période qui est celle du partage des eaux entre le monde d'hier et celui de demain.

Au plan économique, il devient clair que le centre de gravité de l'activité industrielle a définitivement glissé du Sud vers le Nord du pays. Les industries wallonnes issues de la première révolution industrielle soit disparaissent soit entrent dans un processus de reconversion particulièrement difficile. Au Nord, en revanche, des secteurs tels que ceux de l'assemblage automobile et de la chimie sont les manifestations les plus spectaculaires d'une vie économique marquée par l'activité des petites et moyennes entreprises formant un tissu fort dense.

Au plan démographique aussi, le déséquilibre entre le Nord et le Sud est devenu patent. Ce dernier souffre de dénatalité. Ce n'est pas une découverte. En décembre 1952, le Comité d'études des problèmes de la dénatalité présidé par Jean Rey, publie, sous la signature de Max Drechsel et André Dufrasne, un important rapport sur *Le vieillissement de la population belge et le péril de la dénatalité*. « L'enfant unique est le tombeau de la Wallonie » ajoute le Conseil économique wallon en 1956[3]. Afin de conjurer cette menace pour l'avenir, le secrétaire général du ministère de la Prévoyance sociale, Albert Delpérée, par ailleurs président de la commission tripartite de la main-d'œuvre étrangère préconise un large recours à celle-ci. Mais dans son esprit, l'immigration de travailleurs étrangers n'est plus une simple question de politique de la main-d'œuvre. Elle se révèle être un des pions d'une politique démogra-

---

[2]   CEPESS, *Le PSC. Ses principes, son programme. Programme de Noël 1945. Résolutions des congrès, 1955-1962*, Bruxelles, 1963, p. 62.

[3]   « Programme d'action », in *Revue du Conseil économique wallon*, n° 20, mai-juin 1956, p. 24.

phique volontariste destinée à favoriser la croissance démographique allant de pair avec la croissance économique explique-t-il précisément en 1958[4].

Les effets de l'état de masse critique ou encore la mutation que le pays connaît peuvent être détectés à l'Université de Louvain.

Au cœur de cette Université dont le recteur magnifique aimait à vanter l'excellence sur la base de l'argument selon lequel les étudiants y respiraient « un air catholique »[5], le rapport entre Flamands et Francophones change.

Au total, 8 033 étudiants étaient inscrits à l'Université en 1950-1951. Ils sont 12 128 en 1957-1958 parmi lesquels 942 étrangers, soit un peu moins de 7 % du total[6]. Surtout, le nombre d'étudiants néerlandophones talonne celui du nombre de francophones. À la rentrée de 1960, il l'aura dépassé[7]. En d'autres termes, beaucoup de Flamands, surtout parmi les couches montantes de la société, avaient l'impression, durant les années 1950, que « l'Université de Louvain demeurait une université francophone avec de nombreux cours en néerlandais »[8] !

Ce sentiment qui explique les revendications en faveur d'une autonomie aussi large que possible de leur section par les étudiants flamands est celui de Wilfried Martens alors étudiant en droit à Louvain. Engagé à la fois au sein du Katholieke Hoogstudentenverbond (Association des étudiants universitaires catholiques flamands) et du Vlaams Jeugdcomité (Comité de la jeunesse flamande) dont il devient président en mai 1957, il défraye bientôt la chronique en dénonçant vigoureusement la « confiscation » de l'Expo '58 par « la Belgique des élites francophones »[9]. Le 24 août 1958, à l'occasion du 31e pèlerinage de l'Yser, il déclare, en tant que président du Comité de la jeunesse flamande : « Jeunes Flamands, nous serons la première génération qui sera prise en considération dans l'Union européenne ».

Cette référence à la perspective européenne n'est pas fortuite. À Louvain, W. Martens compta parmi ses professeurs plusieurs personnalités telles que le juriste Jan De Meyer ou encore Omer De Raeymaeker qui tout en étant fidèles à leurs convictions flamandes étaient aussi des militants européistes particulièrement actifs.

---

4 A. Delpérée, J. Nols, « Croissance démographique et croissance économique », in *Revue du Travail*, n° 2, 1958, p. 127-141.

5 W. Martens, *Mémoires pour mon pays*, Bruxelles, 2006, p. 18.

6 Voir la contribution de Geneviève Duchenne dans ce volume.

7 *UCL, 1475-1975*, Louvain, 1976, p. 255.

8 *Ibid.*

9 W. Martens, *Mémoires pour mon pays*, *op. cit.*, p. 19.

Ainsi, au début de l'année 1958, l'ambiance est marquée, en Belgique, par l'attente des élections et celle de l'ouverture de la *World Fair* mais aussi, notamment à Louvain, par les symptômes de profonds bouleversements inscrits dans la durée. Or, celle-ci, dans la perspective qui est la nôtre, joue un rôle important. En effet, lorsque le professeur Omer De Raeymaeker propose, en 1955, que le titre de docteur *honoris causa* soit décerné à Konrad Adenauer, un des arguments qui est alors opposé au projet est celui de la mémoire explicite des évènements de 1914 que prolonge implicitement celle de 1940.

II. Enjeux de mémoire

En 1914, le feu mis volontairement à la bibliothèque de l'Université dans la nuit du 25 au 26 août est le premier épisode des destructions de maisons et édifices – 2 000 au total – et des massacres qui frappent la ville de Louvain jusqu'au 28. Ces représailles de masse contre de prétendus francs-tireurs acquerront une notoriété mondiale[10]. Le bilan pour la bibliothèque est terrible : 230 000 volumes, 920 manuscrits, 800 incunables sont détruits.

Dans la nuit du 16 au 17 mai 1940, la bibliothèque construite dans les années 1920 afin de remplacer celle qui a disparu au début de la Grande Guerre, disparaît dans les flammes. 900 000 livres et ce qui avait été sauvé ou acquis depuis 1918 dans les domaines des incunables et manuscrits disparaissent[11].

L'attitude par rapport à ce passé n'est pas uniforme au sein de la communauté universitaire. Non sans tenir compte du phénomène des générations dont il sera encore question, soulignons qu'en 1958 une partie du corps professoral et des autorités académiques a connu la guerre de 1914 et l'enjeu de mémoire que la reconstruction de la bibliothèque a constitué à travers l'affaire dite « de la balustrade » qui ne relève de l'anecdote qu'en apparence[12].

A. Reconstruire la bibliothèque de Louvain

Au-delà de l'émotion provoquée dans l'opinion publique internationale, la destruction, en 1914, de la bibliothèque de Louvain a une portée symbolique importante que la propagande alliée ne se fera pas faute

---

[10] Sur la destruction de Louvain : J. Horne, A. Kramer, *1914. Les atrocités allemandes*, Paris, 2005, p. 59-63.

[11] Voir C. Coppens, « La bibliothèque de l'université », in J. Roegiers, I. Vandevivere, *Leuven/Louvain-la-Neuve aller retour*, Louvain, 2001, p. 124-126.

[12] Une première interprétation de l'affaire chez J. Horne, A. Kramer, *1914...*, *op. cit.*, p. 427-431.

d'utiliser afin de dénoncer les barbares. Dans le même temps, l'idée de contribuer à la reconstitution des collections détruites puis à la reconstruction d'un édifice destiné à abriter ces dernières fait rapidement son chemin. Le médiéviste français Pierre Imbart de la Tour, membre de l'académie des sciences morales[13], lance, avec des personnalités louvanistes, l'« œuvre internationale pour la reconstitution de l'Université de Louvain ». En Angleterre aussi, la solidarité se manifeste rapidement. Dès décembre 1914, les administrateurs de la John Rylands Library de Manchester mettent en place une opération visant à réunir des ouvrages de qualité qui seraient conservés, dans l'attente de jours meilleurs, au bénéfice de la future bibliothèque de Louvain[14].

Des membres de l'Université participent activement à la sensibilisation de l'opinion mais, surtout, des milieux académiques et scientifiques bouleversés par le fait, comme l'écrit en avril 1915 le jeune historien Alfred van der Essen, secrétaire général de l'Université en 1958, que « les Vandales qui ont commis ce forfait n'ont pas compris la leçon léguée par les siècles et qui s'étalait en inscription sur les murs du vieux bâtiment : *Sapientia oedificavit sibi domum* »[15].

L'œuvre internationale lancée de France prend rapidement de l'expansion. Le comité anglais, présidé par Lord Bryce, auteur d'une enquête sur les atrocités allemandes en Belgique[16], installe son comité exécutif en 1915 et commence une campagne qui conduira à une riche moisson dont la John Rylands Library assure la centralisation[17].

Aux États-Unis où le cas de « Poor Little Belgium » touche beaucoup l'opinion, la situation est plus complexe. Si la collecte de livres y est assurée, il faut attendre octobre 1919 pour assister à la naissance d'un National Committee of the United States for the Restoration of the

---

[13] Professeur d'histoire du Moyen Âge à l'université de Bordeaux, Imbart de la Tour (1860-1925) publie notamment en 1915 une prise de position intitulée « Les catholiques et la guerre ». Lettre à M. le directeur du Journal des débats. Ses papiers, conservés par la bibliothèque de l'Institut de France, conservent la trace de sa correspondance soutenue avec Mgr Ladeuze, Mgr Simon Deploige et le directeur du *XXᵉ siècle* puis de *La Nation Belge*, Fernand Neuray. Voir bibliothèque de l'Institut de France, Ms 4151, 4158 et 4162.

[14] H. Guppy, « Steps towards the reconstruction of the Library of the University of Louvain », in *Bulletin of the John Rylands Library*, vol. 2, avril 1915, p. 145-154.

[15] A. van der Essen, « La bibliothèque de l'université de Louvain », in *Bulletin of the John Rylands Library*, vol. 2, april 1915, p. 144.

[16] T. Wilson, « Lord Bryce's Investigation into Alleged German Atrocities in Belgium, 1914-1915 », in *Journal of Contemporary History*, vol. 14, 1979, p. 369-383.

[17] Le bilan anglais est présenté par H. Guppy, « The Reconstruction of the Library of the University of Louvain. Great Britain's contribution, 1914-1925 », in *Bulletin of the John Rylands Library*, vol. 10, 1927, p. 223-267.

University of Louvain Fund[18]. À cette époque, les Américains ne s'occupent plus tant du contenu de la bibliothèque que de la construction d'un nouvel édifice car, d'une part, les dons de livres en provenance de France, d'Italie et de Grande-Bretagne sont conséquents[19] et, d'autre part, le traité de Versailles prévoit dans son article 247 que « l'Allemagne s'engage à fournir à l'Université de Louvain dans les trois mois qui suivront la demande qui lui en sera faite par l'intermédiaire de la Commission des réparations, les manuscrits, incunables, livres imprimés, cartes et objets de collection correspondant en nombre et en valeur aux objets semblables détruits dans l'incendie mis par l'Allemagne à la bibliothèque de Louvain ».

L'occasion de lancer le comité est fournie par la visite que le cardinal Mercier, primat de Belgique, puis le roi Albert et la reine Élisabeth accomplissent aux États-Unis au début de l'automne 1919. L'animateur du comité est Nicholas Murray Butler, président de l'Université de Columbia et futur prix Nobel de la Paix en 1931 en tant que figure marquante de l'internationalisme et du pacifisme. Il est lié avec l'architecte new-yorkais Whitney Warren, auteur de la gare de Grand Central, de plusieurs grands hôtels et gratte-ciels représentatifs des années 1920. Ayant étudié en France, membre de l'Académie des Beaux Arts, Warren qui a passé toute la guerre en Europe a été particulièrement attentif à la destruction de la cathédrale de Reims de même qu'à celle de la bibliothèque de Louvain[20].

En octobre 1919, le comité américain annonce son objectif : « recueillir 500 000 dollars pour construire et équiper une bibliothèque à Louvain »[21]. Les débuts sont prometteurs dans l'ambiance quelque peu exaltée qui marque le voyage de Mercier qui ne rate pas une occasion de lancer un appel à la solidarité, notamment à l'occasion des cérémonies au cours desquelles le doctorat *honoris causa* en droit lui est conféré par Princeton[22] puis par Columbia où il s'entretient longuement avec Butler

---

[18] *The New York Times*, 2 octobre 1919.

[19] *Ibid.*

[20] En plus de l'abondante correspondance adressée à sa femme durant le conflit (conservée à la Houghton Library de l'Université de Harvard sous la cote MS Am 2113), voir notamment *Le témoignage d'un citoyen américain (1915-1917)*, Paris, La Renaissance du Livre, 1918, et, au sujet de la cathédrale de Reims : *État de la cathédrale de Reims après le passage des Allemands. Rapport de M. Whitney Warren, membre de l'Institut, lu dans la séance du 3 octobre 1914 à l'Académie des Beaux-Arts*, Paris, Firmin-Didot, 1914, et *L'agonie de Reims. Rapport de M. Whitney Warren, membre de l'Institut lu dans la séance du 6 janvier 1917*, Paris, Firmin-Didot, 1917.

[21] *The New York Times*, 2 octobre 1919.

[22] *The New York Times*, 30 septembre 1919.

et les membres du comité[23]. Mais de la parole aux actes, il y a de la marge. En dépit de l'appui de la hiérarchie catholique américaine et de nouveaux appels à la générosité[24], le comité peine à collecter des fonds. En 1920, Warren ayant été choisi comme architecte, seuls 30 % de la somme annoncée ont été réunis[25]. Une nouvelle relance ne change rien à la situation et la pose de la première pierre, durant l'été de 1921, a lieu dans un climat d'incertitude au sujet de l'avenir[26].

Mais la pose de cette première pierre est l'occasion, d'une part, de songer à une nouvelle mobilisation des donateurs potentiels et, d'autre part, de régler certaines questions relatives au futur édifice.

À partir du printemps de 1922, le comité américain quelque peu remanié mais toujours présidé par Butler lance une vaste campagne auprès de l'ensemble des universités et collèges américains. Avant la fin de l'année, elle touche les écoliers. L'objectif est cette fois d'atteindre un million de dollars[27]. Dans un premier temps, l'opération est couronnée d'un relatif succès. Plus de la moitié de la somme annoncée est disponible au moment de l'inauguration d'une première aile du bâtiment en juillet 1923[28]. Puis l'enthousiasme retombe. En 1926, le montant total des dons recueillis depuis 1919 s'élève à 600 000 dollars[29].

B. L'affaire de Louvain

Parmi les questions relatives au nouveau bâtiment qui font l'objet de consultations et discussions entre l'architecte, le recteur de l'Université, Mgr Ladeuze, et le cardinal Mercier figure celle de l'inscription dans la pierre de la générosité américaine opposée à la barbarie allemande. C'est bien dans cet esprit qu'est arrêtée, en 1921, la formule destinée à faire l'objet d'une inscription monumentale libellée de la manière suivante : « *Furor teutonico diruta, dono americano restituta* ». Ce qui, en langue vulgaire, signifie : « Détruite par la fureur germanique, restaurée grâce aux dons américains ».

Cinq ans plus tard, l'ambiance a changé. La mort du cardinal Mercier qui n'hésitait pas à assimiler les Allemands aux Musulmans mettant à sac la bibliothèque d'Alexandrie[30] lève une hypothèque. L'Allemagne –

---

[23] *The New York Times*, 8 octobre 1919.

[24] Voir notamment *The New York Times* des 9 et 30 novembre 1919.

[25] « Louvain Library Fund is lagging », in *The New York Times*, 19 décembre 1920.

[26] *The New York Times*, 12 juin et 26 juin 1921.

[27] « Colleges to aid Louvain Library », in *The New York Times*, 19 mars ; 9 et 16 avril, et 3 décembre 1922.

[28] « A Restoration », in *Time*, 20 juillet 1923 ; *The New York Times*, 18 juillet 1923.

[29] *The New York Times*, 19 octobre 1926.

[30] *The New York Times*, 8 octobre 1919.

élue au Conseil de la Société des Nations à la place de la Belgique – s'acquitte de ses devoirs vis-à-vis de Louvain. En 1926, 371 206 livres ont déjà été confiés à l'Université martyre. Les Américains, à commencer par Butler, apprécient[31]. Une partie de la communauté universitaire considère aussi que les liens scientifiques avec l'université allemande doivent être renoués. Bref, au plan scientifique et culturel, l'esprit de Locarno souffle aussi.

Dans ce contexte, les difficultés éprouvées par Butler pour réunir la somme promise reflètent l'évolution des esprits aux États-Unis. Mais l'objectif doit être atteint sous peine de perdre la face. Le président de Columbia, qui a répondu positivement à l'appel de Briand d'avril 1927 en vue de déclarer la guerre hors-la-loi[32], caresse l'espoir d'obtenir l'investiture républicaine en vue des élections présidentielles de 1928. Président du Carnegie Endowment for International Peace depuis 1925, il sollicite l'institution[33] tandis qu'un autre candidat républicain, Herbert Hoover, afin de ne pas demeurer en reste, apporte le soutien de l'American Commission for Relief in Belgium (CRB). À la fin de 1927, le cap du million de dollars est enfin atteint[34].

Mais ce que d'aucuns considèreront comme le prix à payer par les victimes de 1914 pour obtenir le million américain est l'abandon de la formule vengeresse au bénéfice d'un texte plus chrétien libellé comme suit : « *In Bello reducta / In Pace restituta* ».

La nouvelle formulation est rendue publique en décembre 1927, soit six mois avant l'inauguration officielle de la nouvelle bibliothèque prévue le 4 juillet 1928, jour de la fête nationale des États-Unis. Le moins que l'on puisse dire est qu'elle divise. Whitney Warren qui considère de son devoir de rester fidèle à la volonté du cardinal Mercier n'entend en aucun cas l'abandonner. Il n'est pas le seul. Parmi ses partisans figure le sculpteur Pierre de Soete. Celui-ci a été chargé de par l'architecte de superviser la mise en place de la balustrade qui doit surmonter la façade de la nouvelle bibliothèque. Elle est formée de balustres qui sont autant de lettres composant les mots de l'inscription originelle.

---

[31] *The New York Times*, 19 octobre 1926. Voir aussi V. O'Hara, « Louvain and the American Gift », in *New Blackfriars*, vol. 10, n° 14, septembre 1929, p. 1326.

[32] Voir la lettre ouverte qu'il publie dans le *New York Times* du 25 avril 1927.

[33] Les sources relatives à l'intérêt porté à la reconstruction de la bibliothèque de Louvain par le Carnegie Endowment for International Peace sont conservées par la Rare Books and Manuscrip Library de l'université Columbia dans le fonds Carnegie Endowment for International Peace Records, 1910-1954, boîte 321 (3 à 5) et celles du Carnegie Endowment for International Peace Centre Européen Records, 1911-1940, boîte 40 (4).

[34] *The New York Times*, 26 janvier 1928.

Au retour d'un long voyage aux États-Unis, de Soete publie, en janvier 1928, dans le quotidien bruxellois *Le Soir* un éditorial intitulé « Louvain et Locarno ». Il y expose tour à tour les propos de Warren et ceux de Butler, ce dernier appelant à « éviter par tous les moyens possibles de propager la haine et la rancune sur les édifices, les monuments ou ailleurs »[35]. C'est en quelque sorte Mercier contre Briand.

Non sans diviser les opinions aux États-Unis, y compris au sein de l'Université Columbia, l'affaire de l'inscription prend de l'ampleur en Belgique et bientôt en dehors de celle-ci. Dans la foulée de la publication de l'éditorial de Pierre de Soete, *La Gazette*, *La Dernière Heure* et *La Nation Belge* du terrible Fernand Neuray, pourfendent les partisans de l'inscription encourageant la voie de la Paix.

Tandis que Ladeuze, au printemps de 1928, prétend substituer à la balustrade de Warren une « balustrade muette [...] rappelant davantage une barrière Nadar qu'un motif décoratif »[36], le sculpteur, agissant pour compte de l'architecte, signifie au recteur son intention de réaliser l'installation prévue[37]. La guerre est ouverte. Le mois de juin est émaillé d'incidents rocambolesques qui non seulement dégénèrent à plusieurs reprises en incidents entre manifestants et forces de l'ordre mais provoquent aussi une agitation médiatique et politique grandissante.

Les arguments des deux camps en présence peuvent être résumés de la manière suivante. Ceux des « pacifistes » s'appuient d'abord sur le bon sens. « S'il fallait », écrit le rédacteur en chef de *La Croix*, « fixer par de virulentes inscriptions les iniquités dont les nations se sont rendues coupables les unes envers les autres, tout le marbre de Carrare n'y suffirait pas »[38]. En outre, la nature de l'affaire a peu à voir avec l'amour entre les hommes mais beaucoup avec « the age-old spririt of belligerent controversy » commente le *New York Times* dans un article au titre particulièrement révélateur : « Mob Tears down the Anti Hate Pillars »[39]. Au-delà de ces considérations, souligne *La Croix*, il faut regarder vers l'avenir. « Les Américains ont estimé que ce temple de la science devrait se présenter aux générations futures avec une parfaite sérénité »

---

[35] *Le Soir*, 18 janvier 1928.

[36] P. de Soete, *En plein bloc. Mémoires*, Bruxelles, 1953, p. 211.

[37] Pour un exposé détaillé, y compris au point de vue juridique, de l'aspect technique de l'affaire, voir P. de Soete, *FVRORE TEVTONICO...1914-1929. Ses origines et ses polémiques. Le droit artistique et spirituel (les incidents de Louvain)*, Bruxelles, 1930.

[38] J. Guiraud, « À Louvain. Passions humaines, sérénité scientifique », in *La Croix*, 7 juillet 1928, p. 1.

[39] « Mob Tears down Anti-Hate Pillars in Louvain Dispute », in *The New York Times*, 28 juin 1928, p. 1.

affirme le quotidien français[40] qui dénonce les agissements des « surpatriotes »[41] qui sont autant d'« esprits prévenus ou antireligieux »[42] n'acceptant pas que selon une déclaration attribuée à Butler « une bibliothèque sans inscription serait davantage dans l'esprit de Locarno »[43].

Les cibles des « surpatriotes » sont le recteur et Herbert Hoover. Celui-ci, occupé par les primaires américaines, hésite depuis le mois de mai à faire le voyage car il peut suivre la polémique et sait que la presse est majoritairement derrière Warren[44]. Le futur président des États-Unis est accusé par *Le Figaro* « d'attribuer l'incendie de Louvain au feu du ciel » afin « d'obtenir les suffrages des pacifistes et des électeurs d'origine allemande ». Bien plus, alors qu'en Allemagne « le souvenir est une menace » et chez les Alliés « une garantie », il est inconvenant de « forcer l'Université de Louvain, sanctuaire et forteresse de l'orthodoxie thomiste, cette Liège spirituelle, à faire le jeu électoral d'un hérétique éminent ». Enfin, au plan moral, comme pour répondre à l'argumentation évangélique du *New York Times*, le *Figaro* écrit : « Peut-on exonérer l'agresseur de [sa] responsabilité et dépersonnaliser ainsi la guerre sans la déshumaniser et, par conséquent, sans la diviniser : ce qui impliquerait un retour au paganisme ? »[45].

Vilipendé au même titre que Hoover[46], le Recteur est non seulement accusé de trahir la mémoire du cardinal Mercier et celle des morts de la guerre mais aussi et peut-être surtout de faire le jeu du Vatican et de ses dignitaires présentés comme germanophiles. Parmi les attaques les plus virulentes figurent celles, relayées par *La Nation Belge*, de l'association nationale des combattants du Front, de la Ligue d'action nationaliste, et de la Fédération nationale des prisonniers politiques de la guerre. Dans son bulletin du mois de juin 1928, cette dernière publie un article intitulé « *Errare humanum est, perseverare diabolicum* ». Le secrétaire d'État du Vatican Gasparri, le nonce Pacelli et d'autres membres « de cette maffia d'embochés et de traîtres qui, pendant la guerre, étaient [...] les espions attitrés de la Willemstrasse » sont accusés d'avoir « dicté leurs ordres (ou conseils impératifs) à Ladeuze à propos de la décision d'installer une balustrade neutre. Dans le climat déjà tendu du moment,

---

[40] J. Guiraud, « À Louvain… », in *La Croix*, 7 juillet 1928, p. 1.

[41] *Ibid.*

[42] *Ibid.*, 1 et 2 juillet 1928.

[43] P. Lesourd, « L'affaire de Louvain », in *Le Figaro*, 1er juillet 1928, p. 1.

[44] « Hoover is undicaded on visiting Louvain », in *The New York Times*, 4 mai 1928. Voir aussi la livraison du 18 juin 1928.

[45] Ulysse, « Urne souveraine et l'inscription de Louvain », in *Le Figaro*, 3 juillet 1928, p. 1.

[46] *Le Figaro*, 28 juin 1928.

de tels propos, même s'ils feront l'objet de l'expression de regrets et d'excuses, alertent à la fois Rome et le gouvernement belge[47]. Il y a de quoi. Ce qui peut paraître anecdotique est ô combien révélateur des tensions intérieures autour des lois militaires alors en discussion (elles seront votées en octobre 1928), des relations privilégiées avec la France violemment attaquées par les milieux nationalistes flamands, et finalement des positions de certaines personnalités réclamant un retour à la neutralité. Parmi elles, pour se borner à cet exemple, l'ancien Premier ministre Prosper Poullet. Député catholique de Louvain où il professe, à l'Université, le droit des gens, il estimait que « l'action politique de la Belgique doit se rapprocher d'une neutralité de fait et rejeter toutes les alliances particulières [...] et ne doit intervenir dans les controverses internationales que lorsque les intérêts spécifiquement belges sont en cause »[48].

Cela étant, l'inauguration a lieu comme prévu le 4 juillet 1928. Warren a pris soin d'adresser au duc de Brabant, le futur Léopold III, une lettre que certains journaux publient. Mais d'autres personnalités sont absentes. La cérémonie ne donne pas lieu à d'autres incidents que celui d'un lâché de tracts reproduisant l'inscription proscrite par un avion volant à basse altitude au dessus de la bibliothèque. En revanche, douze jours plus tard, profitant de la nuit, le chef de chantier de la bibliothèque s'attaque à coups de marteau à la balustrade du recteur et en vient à bout. Il recommencera l'année suivante tandis que, sur le plan judiciaire, Warren attaque l'Université. L'affaire de Louvain, traitée par des ténors du barreau, devient, dans les prétoires, le procès de la réconciliation contre le refus de l'oubli[49]. Ce dernier est défait ou, pour le dire avec un des avocats de cette cause, « la *furor teutonico* sombre dans le lac de Locarno »[50].

---

[47] Archivio Segreto Vaticano, Nunziatura di Bruxelles, 1835-1946, busta 204, rapport n° 914 du nonce Clemente Micara au Secrétaire d'État, Bruxelles, 17 juillet 1928. La présentation par J. Roobrouck des documents relatifs à l'affaire de Louvain dans ce dossier est à consulter à l'adresse http://www.odis.be/

[48] « Déclaration de Poullet à G. Detry », in *Le Temps*, 10 février 1929, p. 1-2.

[49] L'affaire est plaidée devant le tribunal de première instance de Louvain en juin 1929. L'université, condamnée, obtient gain de cause devant la cour d'appel de Bruxelles en novembre 1930, la cour de cassation confirmant le jugement en 1932. Les avocats des deux parties étaient tous des ténors du barreau. Les conseils de l'Université étaient Veldekens, Nyssens et Alexandre Braun, ceux des plaignants : Édouard Huysmans, Jules Destrée et Wauvermans.

[50] P. de Soete, *En plein bloc, op. cit.*, p. 245

III. Louvain, 1958

Moins de trente ans après l'affaire de Louvain, et une nouvelle guerre ayant eu lieu, l'idée, formulée en 1955 de conférer le titre de docteur *honoris causa* au chancelier Konrad Adenauer est « déclarée inopportune en haut lieu ». Un an plus tard, le conseil rectoral de l'Université revient sur la question. Un de ses membres, afin de contribuer à la recherche d'une issue favorable au dossier, suggère de faire « de la collation de ce grade une manifestation "européenne" par la collation simultanée du même doctorat » car « cette conjonction formerait une contribution de Louvain à la réconciliation européenne que s'efforcent de réaliser, en particulier, des hommes d'États européens »[51].

Mais l'affaire tarde à se concrétiser[52]. Ce n'est donc qu'en 1958 que la cérémonie peut avoir lieu dans un contexte général, international et national, qui a été évoqué.

Non sans observer que la manifestation est organisée avant la fête patronale de l'Université, le 2 février, et quelques jours à peine avant l'inauguration des Commissions de la communauté économique européenne (CEE), d'une part, de la communauté européenne de l'énergie atomique (CEEA), d'autre part, arrêtons-nous sur les principaux protagonistes de l'évènement avant d'en faire autant concernant les propos qu'ils tinrent.

A. Les protagonistes

Sans attacher une importance démesurée à ces éléments d'information, il faut néanmoins souligner que l'Université avait mis les petits plats dans les grands ce 10 janvier 1958. En outre, la foule est nombreuse et enthousiaste le long du parcours qui conduit le cortège académique de l'emplacement de la bibliothèque incendiée en 1914 – les Halles universitaires restaurées – à la *Aula* du collège Marie-Thérèse. Là, dans une salle bondée, ont pris place vingt-et-un ambassadeurs en Belgique de pays d'Europe occidentale et d'Amérique latine, une région avec laquelle l'Université de Louvain entretient à l'époque des liens privilégiés qui vont se resserrant.

Les personnalités politiques appartenant au monde catholique belge sont nombreuses. En revanche, si le ministre des Affaires étrangères, le socialiste Victor Larock, est présent, le monde laïc brille par son absence. Dans ce sens, la cérémonie hautement symbolique de Louvain est à la fois, sur le plan de la société belge, une manifestation du pilier catholique et, au plan européen, un reflet du *networking* des élites

---

[51] Voir la contribution de Gaëlle Courtois dans ce volume.
[52] *Ibid.*

politiques sociales chrétiennes européennes dans lequel leurs adversaires politiques voyaient une « Europe vaticane »[53].

Les cinq principaux protagonistes de ce 10 janvier 1958 sont le recteur, les deux personnalités honorées et les auteurs de leurs présentations respectives.

L'aîné est le chancelier Adenauer. Né en 1876, il a l'âge d'être le père de Gaston Eyskens, né en 1905, qui prononce le discours le concernant.

Schuman a vu le jour en 1886, soit sept ans avant Paul van Zeeland qui vante ses mérites, et cinq avant le recteur magnifique Honoré Van Waeyenbergh qui « avait un faible pour ce genre de cérémonies spectaculaires »[54].

Ces cinq hommes ont connu la Première Guerre mondiale. Mais seul le plus jeune a conservé de cette époque le souvenir d'« années inoubliables et heureuses » passées aux Pays-Bas avec sa mère à proximité du lieu où leur mari et père était interné en tant que soldat belge passé en territoire neutre[55].

Konrad Adenauer, élu adjoint du maire de Cologne en 1904 devient le premier magistrat de la ville rhénane en octobre 1917. Il a entretenu avec les Belges et la Belgique des relations qui exigent encore une étude d'ensemble[56]. Schuman, pour sa part, a été incorporé dans un service auxiliaire de l'armée allemande à Metz en 1914 avant d'être détaché, de 1915 à 1918, dans l'administration civile à Boulay[57].

Honoré Van Waeyenbergh, étudiant au séminaire de Malines, est brancardier volontaire en 1914. Il est grièvement blessé lors de l'offensive allemande de l'Yser en octobre de cette année-là. Vice-recteur de l'Université en 1936, il en devient recteur en 1940. Sa première grande

---

53 Voir Ph. Chenaux, *Une Europe vaticane ? Entre le plan Marshall et les traités de Rome*, Louvain-la-Neuve, Ciaco, 1990 (Histoire de notre Temps). W. Kaiser, *Christian Democracy and the Origins of European Union*, Cambridge, Cambridge University Press, 2007, prend davantage en compte que ne le fait le premier auteur l'existence, le catholicisme en tant que facteur de maillage, dans la durée, d'un espace idéologique transeuropéen.

54 *L'Université de Louvain, op. cit.*, p. 254.

55 G. Eyskens, *De Mémoire, op. cit.*, p. 20-21

56 De premiers éléments dans la contribution de Corinna Franz dans ce volume.

57 Voir la chronologie figurant en annexe à l'ouvrage de R. Poidevin, *Robert Schuman*, Paris, Beauchesne, 1988, p. 241-242 (Politiques et Chrétiens, n° 4). Boulay est aujourd'hui une sous-préfecture du département de la Moselle. Elle est située à l'est de Metz.

entreprise fut de s'atteler à la... reconstruction de la bibliothèque incendiée dans la nuit du 16 au 17 mai[58].

Paul van Zeeland, soldat du 3ᵉ régiment de ligne participe à la campagne d'août 1914. Son comportement lui vaudra la croix de guerre avec palmes. Fait prisonnier le 20 août, il connaîtra les camps de Münster, Soltau et Stuttgart. En mars 1918, son état de santé justifie son transfert en Suisse en tant qu'interné et c'est donc dans l'Oberland bernois qu'il apprend la fin du conflit[59].

Les cinq hommes qui n'ont donc pas des expériences similaires de la guerre ont en revanche une foi commune, de même que dans le chef des hommes politiques, une expérience de gouvernement en tant que Premier ministre, président du conseil ou chancelier. En outre, depuis la fin des années 1940, ils se connaissent car ils se rencontrent notamment à la faveur de réunions européennes comme le rappelle van Zeeland dans sa présentation de Schuman[60]. Mais que signifie se connaître ? Ainsi, Eyskens exagère quand il écrit qu'il « connaissait fort bien » le Chancelier allemand alors que ce n'est qu'après janvier 1958 qu'il aura, en tant que Premier ministre, l'occasion de le rencontrer à plusieurs reprises[61]. Et se connaître signifie-t-il s'apprécier mutuellement ? L'estime que Schuman laisse entendre à propos du Chancelier allemand qu'il a rencontré pour la première fois en août 1949 paraît sincère, comme l'est

---

[58] Voir la notice biographique du personnage dans *L'Université de Louvain, op. cit.*, p. 246.

[59] V. Dujardin, M. Dumoulin, *Paul van Zeeland, 1893-1973*, Bruxelles, Racine, 1997, p. 14-23.

[60] Voir annexe.

[61] G. Eyskens, *De Mémoire, op. cit.*, p. 467. Devenu Premier ministre en juin 1958, Eyskens accueille le Chancelier à l'exposition universelle de Bruxelles en octobre puis, le même mois, s'entretient avec lui de délicates questions charbonnières dans le cadre de la CECA. Voir Katholieke Documentatie Centrum, Leuven (KADOK), archives Gaston Eyskens, dossier D 58-22, De pers van september tot en met einde van de jaar, 8 et 20 octobre 1958.

celle de ce dernier à son égard[62]. En revanche, Adenauer ne portait pas van Zeeland dans son cœur[63].

B. *Les discours*

Comme l'affirme le texte de présentation des discours dans la brochure publiée en 1958 à la suite de la cérémonie, « toute la séance académique se déroula sous le signe de l'Europe unie, fondée sur les bases solides de la foi chrétienne et des enseignements de l'Église ». Mais il y a plus que cela comme l'illustrent les propos du recteur magnifique qui placent ceux qui suivent en perspective.

S'adressant à Schuman, « le Lorrain libéré » et le « parrain de l'Europe, et à Adenauer, « liquidateur de deux défaites » et « architecte de l'Europe », Van Waeyenbergh, qui salue au passage le rôle de van Zeeland et Spaak dans la construction européenne, exalte l'inspiration chrétienne des deux hommes : « Tous deux […], vous avez trouvé dans votre Foi éclairée et dans une véritable charité chrétienne, la force décidée et inébranlable pour mener vos pays vers l'entente et l'aide mutuelle, garants les plus sûrs d'une paix européenne »[64]. En appelant à l'autorité du Magistère, le recteur cite Pie XII afin de souligner que le « message chrétien […] est capable […] de garantir, dans une communauté supranationale le respect des différences culturelles, l'esprit de conciliation et de collaboration avec l'acceptation des sacrifices qu'il comporte et des dévouements qu'il appelle ». Et pour illustrer le propos d'une manière concrète, il termine, empreint d'une très forte émotion

---

[62] Lors d'un entretien avec Serge Groussard, journaliste au *Figaro*, le 27 mars 1958, Adenauer, après avoir déclaré que la France et la culture, et non la civilisation française, avaient eu une grande influence sur lui, déclare : « Wir verdanken Robert Schuman durch den Vorschlag, den er seinerzeit zur Gründung der Montanunion gemacht hat, dass das Verhältnis zwischen Frankreich und Deutschland eine vollständige Wendung genommen hat, eine Wendung, die sich fortgesetzt hat, wenn auch hier und da Schwierigkeiten waren, und die Beziehungen zwischen den Deutschen und den Franzosen, zwischen der deutschen Regierung und der französischen Regierung sind sehr gut. Ich wünsche und ich werde alles dafür tun, dass diese Bande zwischen Frankreich und Deutschland weiter gefestigt werden ». Voir *Adenauer. Teegespräche 1955-1958*. Berabeitet von H. J. Küsters, Berlin, 1986, p. 257.

[63] V. Dujardin, M. Dumoulin, *Paul van Zeeland, op. cit.*, p. 236.

[64] Sauf mention contraire, les citations figurant dans le texte sont tirées de la brochure intitulée *Promotion solennelle au doctorat* honoris causa *en sciences politiques et sociales de Son Excellence M. Konrad Adenauer, Chancelier de la République fédérale d'Allemagne et de S. E. M. Robert Schuman, ancien Président du Conseil, Ancien Ministre des Affaires étrangères de la République française, Membre de l'Assemblée nationale à l'université catholique de Louvain, le 10 janvier 1958*, Louvain, 1958. Ces textes ont aussi été reproduits dans Université catholique de Louvain, *Annuaire 1957-1959*, t. XCIII, vol. 2, Louvain, 1958, p. 399-426.

dont témoignent les images filmées, par ces mots prononcés en allemand :

> Notre pays, Monsieur le Chancelier, et notre Université, ont souffert par deux fois terriblement et portent encore les traces de la guerre, comme aussi, malgré vos tenaces efforts et vos prodigieuses réalisations, le fait votre Patrie. Nous avons connu, avec la double destruction du centre vital de notre Université, notre belle bibliothèque, la destruction et la mort. En plusieurs de nos membres, nous avons connu, comme vous-même, la captivité, la prison ou les camps de concentration. Nous avons eu, comme vous, le courage de vivre et de continuer, de reconstruire et de poursuivre notre tâche. *Non evertetur*. La *Sedes Sapientiae*, notre Patronne et notre Protectrice, ne permet pas que notre *Alma Mater* soit écrasée. Comme vous, nous avons cru en un avenir meilleur. Nous ne proférons pas la déclaration platonique « Nous oublions », car on n'efface pas des événements historiques portant des dates et restant des témoins du passé. Mais nous disons, dans un sentiment de réelle et profonde charité chrétienne « Nous aimons » !

Placée sous le double signe du pardon et de la réconciliation, la cérémonie se poursuit par la présentation de Robert Schuman. Après avoir insisté sur l'homme issu d'une terre d'entre-deux, caractère dont le texte du diplôme porte la mention explicite, l'ancien Premier ministre belge, après s'être arrêté sur les difficultés de l'action politique, s'arrête lui aussi sur le moteur que constitue la foi chrétienne. « N'oublions pas », dit van Zeeland, « que Robert Schuman a trouvé, tout au long de sa carrière, dans une foi profonde et active, l'inspiration supérieure et le réconfort moral que réclame une existence menée entièrement sur les sommets de l'esprit »[65].

Bien que plus convenu car suivant fort scrupuleusement la biographie du Chancelier, le discours de Gaston Eyskens, après avoir insisté sur « l'homme des confluents », évoqué « le grand disparu » Alcide De Gasperi[66] et fait une allusion discrète au sort de Louvain durant la guerre, rend hommage « à celui dont toute la vie et l'action politique sont éclairées par la lumière de la vérité et de la foi ».

Alors que le compte rendu de la cérémonie ne mentionne pas de réactions particulières du public à la suite du discours de van Zeeland et de la remise des insignes de docteur à Schuman, il porte que « lorsque

---

[65] Le brouillon du discours de Paul van Zeeland est conservé dans les papiers de ce dernier conservés par le Groupe d'études d'histoire de l'Europe contemporaine (Gehec) de l'université catholique de Louvain (dossier 1972/463). Bien que fortement retravaillé, le texte n'est guère différent, quant au fond, de celui qui a été prononcé et publié.

[66] Lors de la séance académique Eyskens puis Schuman, comme permet de le constater le reportage filmé, commettent un lapsus révélateur puisqu'ils parlent tous deux de Gaspari.

Son Excellence Mgr le Recteur épingla l'épitoge sur l'épaule de M. Adenauer, l'assistance, debout, emportée d'enthousiasme, acclama longuement l'éminent homme d'État ». Une différence que l'on peut aussi observer à la suite des brèves réponses des deux personnalités honorées : applaudissements pour Schuman, tempête de ceux-ci pour le Chancelier.

Leurs discours respectifs, très courts, sont intéressants.

Le Français, après avoir dit son espérance dans « l'union des peuples de l'Europe libre grâce à cette véritable civilisation chrétienne qui nous a nourris et éduqués » entend aussi mettre les pendules à l'heure au sujet des rumeurs portant sur le fait que « l'Europe était le résultat d'une sorte de complot établi depuis longtemps ». Réponse aux détracteurs de l'Europe vaticane, ses propos insistent sur le caractère improvisé du projet que « la Foi qui inspire, l'Espérance qui anime et la Charité qui unit » lui a permis de mettre en œuvre avec De Gasperi et Adenauer.

L'Allemand, de son côté, remercie l'Université « protectrice séculaire et renommée de la Science, gardienne séculaire de la Foi ». Il fait ensuite écho au message du recteur au sujet du passé. « Je vous remercie de tout cœur », dit-il, « au nom du peuple allemand. Je crois que ces paroles renferment tout en elles, qu'elles signifient davantage, qu'elles sont infiniment plus riches d'avenir que les longs discours [...] de politiques et d'économistes européens ». Puis, d'une manière beaucoup plus franche que les autres orateurs, il exalte la « seule conception du monde qui puisse vaincre le communisme : la conception chrétienne ».

De fait, si l'Europe et plus particulièrement l'Occident chrétien sont exaltés à Louvain le 10 janvier 1958, l'Europe communiste forme comme un arrière-plan. Mais seuls le recteur vantant « l'Europe nouvelle » mais déplorant « qu'un rideau de fer l'empêche d'être entière » et Adenauer y font explicitement référence. En revanche, les diplômes remis aux deux hommes ne laissent pas planer le moindre doute. Schuman est notamment honoré pour avoir permis que les nations d'Europe « puissent vivre dans la liberté et la prospérité, à l'abri des menaces du danger communiste ». Quant au diplôme remis à Adenauer, il proclame les mérites du « défenseur intrépide de l'humanisme chrétien » qui, « pour rendre plus efficace la résistance aux doctrines nuisibles du communisme [...] s'est efforcé de réaliser l'unité dans la liberté des peuples [...] ».

Contrairement à la « jeunesse patriote » de 1928 dont Whitney Warren disait qu'elle « n'abdique pas devant l'oubli »[67], celle de 1958 réserve au chancelier Adenauer un accueil que l'on peut qualifier de

---

[67] « Déclaration de Whitney Warren à René Lara », in *Le Gaulois*, 1er juillet 1928.

délirant en voyant le reportage filmé de la journée. De fait, ce n'est plus, comme le suggérait un féroce dessin à l'époque de l'affaire de Louvain, le *Kaiser* recevant les insignes de docteur *honoris causa* dans les ruines fumantes de Louvain qui occupe les esprits mais bien, au-delà du pardon accordé par le recteur magnifique, la paix et la réconciliation. Dans ce sens, la cérémonie de Louvain est parmi d'autres une suite à celle de la signature, au Capitole, le 25 mars 1957, des traités de Rome. Autrement dit, un écho du jour où, pour certains, prit fin le XIXe siècle[68]. Mais dans le même temps, on ne peut s'empêcher de relever qu'en lieu et place de l'Allemagne désignée à la vindicte du monde civilisé en 1918, c'est désormais, Europe unie oblige, la Russie communiste qui assume le rôle de cible privilégiée aux yeux des militants de la civilisation de l'Occident chrétien.

Archives de la KU Leuven. Dans les ruines des Halles, l'empereur allemand reçoit un doctorat *honoris causa* pour son œuvre de civilisation. Caricature d'A. Hahn, septembre 1914.
Légende : « *Doctor honoris causa*. L'Université de Louvain remettant à l'Empereur-Roi Guillaume II le diplôme de doctorat d'honneur pour sa thèse en action sur le droit des peuples ».

---

[68] P. Pinzler, « Triumph der Hoffnung », in *Die Zeit*, n° 3, 22 mars 2007, p. 104.

Mgr Van Waeyenbergh remet le bijou au chancelier Konrad Adenauer.

Cette photographie a été reproduite dans *Promotion solennelle au doctorat honoris causa en sciences politiques et sociales de Son Excellence M. Konrad Adenauer, Chancelier de la République fédérale d'Allemagne et de S. E. M. Robert Schuman, ancien Président du Conseil, Ancien Ministre des Affaires étrangères de la République française, Membre de l'Assemblée nationale à l'université catholique de Louvain, le 10 janvier 1958*, Louvain, 1958.

Réactions et retentissements
vis-à-vis des deux doctorats *honoris causa*

Gaëlle COURTOIS

Aspirante FRS-FNRS, Université catholique de Louvain

Octroyer le plus haut grade académique, soit le titre de docteur *honoris causa*, relève d'un choix symbolique significatif, particulièrement quand il s'agit de personnalités qui n'appartiennent pas au monde scientifique. Les réactions les concernant, qu'elles soient positives ou négatives, peuvent en être à la fois plus intenses et plus révélatrices.

Le double doctorat de Konrad Adenauer et de Robert Schuman répond à ce cas de figure. Les deux personnalités ne sont, à l'évidence, pas honorées pour leurs travaux scientifiques, mais pour le mérite de leur action politique. Les questions soulevées par leurs candidatures n'en sont que plus fortes. À telle enseigne que le recteur magnifique, Mgr Van Waeyenbergh[1], crut bon de s'en expliquer lors de son discours. S'en référant, comme légitimation, à des paroles de Pie XII, il déclara qu'il n'est pas possible « qu'une université, sans toutefois prétendre se mêler directement aux contingences de la vie politique des États, se désintéresse au point de vue scientifique des problèmes du jour et des théories qui déterminent le rôle de l'État et des relations internationales »[2]. Le Recteur répliquait ainsi, à l'une des objections potentielles, celle de savoir si l'Université, par cette collation, n'outrepassait pas son rôle... Mais cet éclaircissement empreint de nuance et de subtilité ne convainc que peu et témoigne, en définitive, d'un certain malaise.

Cependant, la question importante de ce positionnement pris par l'Université ne fut, tout bien considéré, guère abordée[3]. Il est vrai que

---

[1] Mgr Honoré Van Waeyenbergh (1891-1971) fut recteur magnifique de l'Université de 1940 à 1962. Il devint évêque en 1954. Pour plus d'informations, voir la contribution du professeur M. Dumoulin dans ce volume.

[2] Voir la reproduction des discours dans les annexes de ce volume.

[3] La revue de la Maison des étudiants de Louvain, *L'Escholier* y fut toutefois attentive, mais pour se satisfaire de la réponse du Recteur. J. M., « Une journée historique... Le

l'*Alma Mater* n'en était pas à son coup d'essai en matière de titres octroyés à des politiques[4]. Néanmoins, d'autres réactions, qui allèrent de l'éloge à la diatribe, virent le jour. Cette contribution tente de les appréhender, depuis les prémices du choix, au sein de l'Université, à celles qui, l'événement consommé, fleurirent dans la presse. La cérémonie en elle-même ne se présente qu'en creux, à travers les éléments qui marquèrent peu ou prou les journalistes. Les discours, qui furent l'un des éléments centraux quant à la signification de la solennité, sont traités, par ailleurs, par le professeur Dumoulin.

I. Genèse et réactions en amont

Pour commencer cette analyse, il est bon de revenir quelque peu, tout en renvoyant à l'étude du professeur Dumoulin, à la nébuleuse qu'a constituée la genèse de l'événement. Une impression confuse s'en dégage pour, au moins, deux types de raison. D'abord, l'organisation n'ira pas sans encombre : les dissensions internes, les problèmes de chronologie, etc. vont constituer autant d'embûches[5]. Ensuite, les décisions des « hautes sphères » n'apparaissent pas en plein jour et la confidentialité marque de son sceau bon nombre de délibérations. Le secret est aussi le maître mot de bien des correspondances et sa nécessité y est rappelée, par exemple, via la locution « très confidentiellement »[6], quand il n'est pas signalé que la situation est trop délicate pour être traitée par écrit[7]. La crainte provient, en toute vraisemblance, des critiques qui auraient pu fuser *a priori*, entacher l'initiative et risquer de compromettre l'événement. Avec le temps et les débâcles de l'organisation, une inquiétude viendra s'annexer à cette appréhension, celle de l'image que projettera sur l'Université ce long intervalle temporel entre

---

Chancelier Adenauer et le Président Schumann Docteurs *honoris causa* de notre Université », in *L'Escholier*, 1958, n° 2 (mars), p. 60.

[4] Le journal *La Métropole* signale, d'ailleurs, en ces termes : « MM. Schuman et Adenauer viendront [...] honorer de leurs noms la liste déjà brillante des personnalités politiques que l'Université de Louvain a distinguées ». *La Métropole*, 10 janvier 1958, p. 1. Le quotidien luxembourgeois *Luxemburger Wort* propose une brève rétrospective de grandes personnalités politiques gratifiées par l'Université et cite la Reine Wilhelmine, de Gaulle, Winston Churchill, Eisenhower, Roosevelt et Joseph Bech. *Luxemburger Wort*, 10 janvier 1958, p. 1. Pour la dimension européenne de certains de ces doctorats, voir article de G. Duchenne dans ce volume.

[5] Voir *infra*.

[6] À titre d'exemple, voir AKUL [Archives de la Katholieke Universiteit Leuven], VW [Papiers Van Waeyenbergh], n° 11 685, Lettre d'O. De Raeymaeker à J. Leclercq, 5 janvier 1957.

[7] AKUL, VW, n° 11 685, Lettre de Mgr Van Waeyenbergh à P. de Bie, 15 janvier 1957.

la décision d'octroyer les doctorats et sa réalisation[8]. Le *black-out* restera de rigueur tout au long du processus, même si des fuites semblent n'avoir pu être évitées[9]. Néanmoins, une série d'informations relatives à l'initiative et aux réactions qu'elle a provoquées nous est parvenue.

Si la cérémonie se déroule à l'aube de l'année 1958, l'idée est bien plus ancienne. En effet, elle germe et se construit depuis 1955. Omer De Raeymaeker[10] formule, à cette époque, l'idée d'honorer Konrad Adenauer, seul, du titre de docteur *honoris causa*, mais la proposition est encore jugée inopportune[11]. Les qualités d'Adenauer sont multiples dans l'horizon de l'Université catholique[12] – idéal chrétien, action pour la réhabilitation de l'Allemagne de l'Ouest, implication dans la réconciliation franco-allemande, lutte contre le communisme, désir de paix et d'unité de l'Europe dans la liberté[13] – mais sa candidature ne coule pas de source. La véritable pierre d'achoppement, au-delà des objections formelles qui pourront être soulevées, est le passé du pays dont il est le principal représentant. Les affres de l'histoire récente ne sont, naturellement, pas oubliées.

Il faudra à la fois du temps, soit une maturation des esprits, et une nouvelle suggestion pour que le projet soit mis sur le chantier. Si

---

[8] AKUL, VW, n° 11 685, Lettre d'O. De Raeymaeker à Mgr Van Waeyenbergh, 21 août 1957.

[9] Ainsi, O. De Raeymaeker relate l'information suivante : « malgré la discrétion totale que nous avons tous observée, le secret a été dévoilé. Il y a quelques mois déjà, un étudiant m'a dit : 'Nous voulons inviter K. Adenauer a une conférence à Louvain parce qu'un doctorat *honoris causa* lui est attribué' [notre traduction] ». AKUL, VW, n° 11 685, Lettre d'O. De Raeymaeker à Mgr Van Waeyenbergh, 21 août 1957.

[10] Omer De Raeymaeker est né à Louvain en 1911. Il devint professeur à l'École des sciences politiques et sociales en 1945. Au long de sa carrière académique, il fut surtout orienté vers l'étude des relations internationales. Cf. P. De Somer, J.-M. Peeters (e. a.), « Professor Omer De Raeymaeker en de Internationale betrekkingen », in *Belgisch buitenlands beleid en internationale betrekkingen. Liber Amicorum Professor Omer De Raeymaeker*, Louvain, 1978, p. 23-25.

[11] Les papiers Van Waeyenbergh ne comportent pas de traces directes de cette initiative. Néanmoins, une lettre de la main d'O. De Raeymaeker y évoque cette proposition faite en son nom personnel au Conseil de l'École, à la fin de l'année 1955. Cependant, le Recteur lui avait alors prié de ne pas poursuivre ses démarches. AKUL, VW, n° 11 685, Lettre d'O. De Raeymaeker à J. Leclercq, 5 janvier 1957.

[12] Par après, lors de la préparation et de l'événement lui-même, ces qualités seront énumérées à foison tant dans la presse que dans les correspondances, etc. Voir AKUL, VW, n° 11 685, Lettre de O. De Raeymaeker à Mgr Van Waeyenbergh, 17 décembre 1956 ; Lettre de Mgr Van Waeyenbergh à K. Adenauer, 4 janvier 1957. AKUL, VW, n° 11 687, Mémorandums concernant les mérites de K. Adenauer et R. Schuman.

[13] Des qualités, qui pour beaucoup, sont communes à celles de Robert Schuman.

d'aucuns frémissaient à la pensée de gratifier un Allemand quelque dix années après l'Armistice, il convenait d'enrober cette intention d'une apparence plus veloutée. Modifiant, à dessein, la donne de départ, le chanoine Grégoire, professeur à la Faculté de Théologie, écrit, fin novembre 1956, au Recteur : « Ne serait-il pas possible de rendre acceptable auprès de certains un doctorat *honoris causa* en faveur du chancelier Adenauer en faisant de la collation de ce grade une manifestation 'européenne' »[14]. Prévoyant les levées de boucliers et autres réactions hostiles, il proposait, ainsi, de troquer une prétendue symbolique de célébration de l'Allemagne par une démonstration de réconciliation européenne. Pour ce faire, la collation simultanée du doctorat à une personnalité française était suggérée[15].

Quelques jours plus tard, De Raeymaeker viendra ajouter de l'eau au moulin. Il fournira une batterie d'arguments contre les fins de non-recevoir entravant la candidature allemande. *Primo*, Adenauer n'a pas collaboré avec l'ennemi d'hier, il l'a, au contraire, combattu. *Secundo*, l'objection est dépassée par les événements, l'Europe se doit de s'unir face au danger du communisme et à la conjoncture mondiale. *Tertio*, la signification serait hautement symbolique. De Raeymaeker écrit en substance :

> Ne serait-ce pas un beau geste de la part de l'Université catholique de Louvain, que de faire abstraction du passé et d'honorer courageusement un homme d'État catholique d'un pays ex-ennemi qui a repris rang dans la communauté des nations démocratiques ? Ce serait un beau mouvement de charité chrétienne après toutes les souffrances endurées par notre *Alma Mater* pendant les deux guerres mondiales. La portée de ce geste serait telle qu'elle dépasserait largement nos frontières. [16]

Ce dernier élément sera l'objet de toutes les critiques, comme de toutes les félicitations. Les uns estimant que la ville martyre ne pouvait justement pas être la scène d'un honneur rendu à l'Allemagne, les autres, y reconnaissant le témoin de la grandeur de l'Université, capable, par charité chrétienne, de transcender les souffrances endurées.

Si cette modulation, associer une personnalité française, ne suffira pas à déjouer les esprits les plus rétifs (voir *infra*), l'idée de manifesta-

---

[14]   AKUL, VW, n° 11 685, Lettre de Grégoire à Mgr Van Waeyenbergh, Louvain, 27 novembre 1956.

[15]   Une méprise lui fait proposer le nom de Maurice Schumann en lieu et place de son homonyme Robert Schuman.

[16]   AKUL, VW, n° 11 685, Lettre de O. De Raeymaeker à Mgr Van Waeyenbergh, 17 décembre 1956.

tion européenne[17] sourit aux autorités. La machine est alors lancée, même si le processus sera lent et parfois douloureux, pour accorder à Konrad Adenauer et Robert Schuman, le titre de docteur *honoris causa* en Sciences politiques et sociales.

Il convient de signaler ici, qu'à l'époque, le titre de docteur *honoris causa* était octroyé par le Recteur sur proposition soit d'une faculté, soit d'un institut ou d'une école annexé à une faculté ou indépendant d'elle[18]. Ainsi, au cours de l'année académique 1957-58, treize doctorats *honoris causa* furent décernés par une faculté, une école ou un institut[19]. Une seule personnalité avait jusque-là bénéficié de ce grade au nom de l'Université comprise *in globo* : le roi Baudouin en octobre 1951[20].

Les doctorats d'Adenauer et de Schuman se rattachent, quant à eux, à l'École des sciences politiques et sociales[21]. Cette institution fut fondée en 1892, au sein de la Faculté de Droit, et ne s'adressait alors qu'aux docteurs de cette discipline. Des candidatures et des licences y furent cependant bientôt mises au programme[22]. Avec le temps, l'existence d'un public propre et l'affaiblissement des liens avec la branche d'origine, les Écoles et sections qui en provenaient prirent leur indépendance et créèrent, en 1950, une nouvelle faculté, celle des Sciences économiques et sociales. En 1958, donc, lors de la promotion d'Adenauer et de Schuman, l'École des sciences politiques et sociales et ses quatre sections – sociale, diplomatique, administrative et coloniale – faisaient partie de la nouvelle faculté[23]. Mais, cette structure récente

---

17 En plus d'Adenauer et de Schuman, De Raeymaeker aurait vu d'un bon œil l'extension de la liste : « Si le Président De Gasperi vivait encore, il aurait pu aisément être inclus dans cet hommage. Malheureusement, la liste des hommes d'État catholiques n'est pas très longue ! ». AKUL, VW, n° 11 685, Lettre de O. De Raeymaeker à Mgr Van Waeyenbergh, 17 décembre 1956.

18 V. Denis, *Université catholique de Louvain 1425-1958*, Louvain, 1958, p. 36.

19 Université catholique de Louvain, *Annuaire-Jaarboek 1957-1959*, t. CXII, vol. 1, Louvain, p. 491-492.

20 Le roi Baudouin, pour la première visite officielle de son règne, s'était alors rendu à l'Université louvaniste afin de participer à la commémoration du centenaire de la naissance du cardinal Mercier. V. Denis, *Université catholique de Louvain, op. cit.*, p. 36.

21 Au sujet de cette École, consulter E. Gérard, « Sociale wetenschappen aan de Katholieke Universiteit te Leuven 1892-1992 », in *Politica cahier*, n° 3, novembre 1992. Des archives de cette École (non inventoriées) sont conservées aux Archives de l'Université à la KUL, nous n'y avons cependant pas trouvé d'éléments relatifs à la problématique envisagée.

22 *L'Université de Louvain 1425-1975*, Louvain-la-Neuve, 1976, p. 349-350.

23 En 1958, le nombre d'étudiants inscrits à l'École des sciences politiques et sociales est de 704 (318 néerlandophones et 386 francophones). K. Dobbelaere, « Instituten. Katholieke Universiteit te Leuven. De School voor politieke en sociale wetenschappen », in *Politica. Tijdschrift voor staatkunde en sociologie*, 1963, n° 4, p. 308.

n'était encore qu'une coiffe assez théorique[24] et ce jusqu'en 1964, qui signe notamment la fin de l'École des sciences politiques et sociales, par une réorganisation facultaire, supprimant les compartimentages excessifs préexistants[25].

Si les deux doctorats relèvent de l'École, les premières discussions, dans le cadre de l'Université, semblent s'être déroulées au sein du Conseil rectoral[26]. Le Recteur manda ensuite l'École de se prononcer sur le projet.

Cette étape, au sein du Conseil de l'École, fut l'occasion d'une passe d'armes qui relève davantage d'une question d'amour-propre et de personnes que de la question du fond, celle de l'opportunité de la proposition. Ce différend permet, néanmoins, d'appréhender tant le processus de décision que les réactions survenues au sein même de l'Université.

L'occasion du litige prend sa source dans une mauvaise transmission de l'information. Au moment où le Recteur invite le Conseil de l'École à se prononcer sur les deux candidatures, soit fin décembre 1956, le professeur P. de Bie, président de cette École, est absent[27]. Ce dernier, pour pallier la vacance de sa fonction, avait désigné pour remplaçant Jacques Leclercq[28], sans pour autant en informer les autorités académiques et tous les membres de l'École. Si bien que le Recteur, lorsque d'urgence, il souhaite connaître l'avis du Conseil de l'École quant à la suggestion du Conseil rectoral, s'adresse à la personne qu'il considère alors comme la plus désignée : Omer De Raeymaeker. Ce dernier invoque pour justifier ce choix auprès du chanoine Leclercq sa position au niveau de la section des relations internationales de l'École, section dont relevaient les deux doctorats[29]. Cet argument a, certes, pu peser dans la

---

[24] À remarquer, la disparition du terme « politique » dans le nom de la faculté. Cette dernière n'était, en réalité, que la juxtaposition de l'École des sciences politiques et sociales et de l'École des sciences économiques qui livraient chacune à leur tour le doyen et le secrétaire académique, mais conservaient l'une comme l'autre leur indépendance. E. Gérard, « Sociale wetenschappen aan de Katholieke Universiteit te Leuven 1892-1992 », *op. cit.*, p. 93.

[25] *L'Université de Louvain*, *op. cit.*, p. 352-353.

[26] Le Conseil rectoral réunissait selon un rythme mensuel autour de la personnalité du Recteur : le Vice-recteur, le secrétaire général, les doyens des facultés ainsi que les présidents d'Instituts. A. d'Haenens (dir.), *L'Université catholique de Louvain. Vie et mémoire d'une institution*, Bruxelles, 1993, p. 91.

[27] P. de Bie (1917-1996) est alors au Congo. AKUL, VW, n° 11 685, Copie d'une lettre de J. Leclercq à O. De Raeymaeker, Louvain, 4 janvier 1957.

[28] Jacques Leclercq (1891-1971) enseignera la philosophie morale et le droit naturel à Louvain et fut l'un de ceux qui introduisirent la sociologie religieuse dans cette université.

[29] AKUL, VW, n° 11 685, Copie d'une lettre d'O. De Raeymaeker à J. Leclercq, Weert-Saint-Georges, 5 janvier 1957. Le Recteur, quant à lui, justifiera le choix de la

balance. Mais, la proposition, en son temps, d'O. De Raeymaeker d'honorer Adenauer et son attachement pour cette cause, dont son engagement dans l'organisation témoignera à souhait, n'ont certainement pas été étrangers à la décision du Recteur… De Raeymaeker se charge alors de prendre le pouls chez différents membres de l'École afin de s'assurer de la bonne réception du projet et organise, ensuite, une réunion de son Conseil.

Le chanoine Leclercq, soit le président faisant fonction, s'irrite alors violemment des initiatives de son collègue. O. De Raeymaeker était, pour Leclercq, passé outre à sa position, le chanoine souligne alors ce qu'il considère comme une forte irrégularité de procédure[30]. Leclercq devait s'estimer d'autant plus bafoué qu'avant d'assurer cette présidence temporaire, il avait lui-même assumé la position de tête dirigeante de l'École pendant trois années, jusqu'en 1955[31], soit fort peu de temps avant les faits. Par rapport à ce qu'il juge être un coup de force, le chanoine a des mots peu avenants : « Je sais que vos intentions ont été bonnes ; mais objectivement ne vous semble-t-il pas que vous avez agi comme un étudiant[32] qui fait une farce, dérobe quelques cartes officielles et envoie une circulaire par fumisterie ? »[33].

À sa décharge, il est vrai que le Conseil de l'École est convoqué, en dernière minute, pour la veille de la Saint-Sylvestre, le 31 décembre

---

sorte : « Il y a un mois M. le Chanoine Leclercq m'avait dit être très fatigué et épuisé. C'est une des raisons pour lesquelles je n'ai pas cru pouvoir le déranger ». AKUL, VW, n° 11 685, Copie d'une lettre de Mgr Van Waeyenbergh à P. de Bie, Louvain, 15 janvier 1957.

[30] Il en écrit à De Raeymaeker : « cette procédure me paraît vraiment *fort* irrégulière. Le Conseil doit être convoqué par le secrétaire sur mandat du Président ; l'employée du secrétariat n'a d'ordres à recevoir que d'eux ». AKUL, VW, n° 11 685, Copie d'une lettre de J. Leclercq à O. De Raeymaeker, Louvain, 4 janvier 1957.

[31] Le chanoine Leclercq abandonna alors volontairement cette fonction, car l'École lui semblait avoir pris un nouveau départ. De plus, il considérait qu'un président laïc était préférable à un ecclésiastique. P. de Bie, « L'œuvre scientifique et pédagogique du professeur Leclercq. Louvain 1938-1961 », in *Jacques Leclercq, l'homme, son œuvre et ses amis*, Tournai, 1961, p. 45. À remarquer que, peu après la cérémonie, en 1958, O. De Raeymaeker deviendra le nouveau président de l'École. E. Gérard, « Sociale wetenschappen aan de Katholieke Universiteit te Leuven 1892-1992 », *op. cit.*, p. 179.

[32] En plus d'avoir comparé ce professeur d'Université à un étudiant, Leclercq indique dans la même lettre, d'une manière indirecte, que vingt années les séparent (De Raeymaeker naît en 1911, Leclercq en 1891). N'y a-t-il pas là les symptômes d'un conflit de générations larvé ? Leclercq, en fin de carrière semble froissé dans son amour-propre par un manque de reconnaissance de la part d'un « jeune loup »…

[33] AKUL, VW, n° 11 685, Copie d'une lettre de J. Leclercq à O. De Raeymaeker, Louvain, 4 janvier 1957.

1956[34]. Après une longue phase d'indécision et de palabres dans les « hautes sphères », l'extrême urgence prend le pas. Il est permis de s'interroger sur pareille méthode. Leclercq ne sera d'ailleurs pas le seul à s'élever contre cette manière de procéder, les professeurs P. de Bie et G. Malengreau[35] s'indigneront dans le même sens[36].

La question fut réglée directement par le Recteur qui remit « l'église au milieu du village ». L'autorité académique fit savoir aux regimbeurs que leurs protestations n'étaient le fruit que d'une « réaction trop précipitée, prise sans que l'on se soit donné la peine de s'informer suffisamment » et qu'aucune critique ne pouvait atteindre De Raeymaeker, simple interprète des décisions rectorales. À la suite de ces clarifications, Leclercq dut « reconnaître qu'il avait été trop nerveux »[37]…

En outre de l'affrontement des coqs, quelques voix se firent entendre au sein du Conseil de l'École quant aux candidatures elles-mêmes. Elles ne leur firent cependant pas ombrage. Tout d'abord, Guy Malengreau s'opposa à l'octroi d'un doctorat à une personnalité politique qui n'aurait pas des titres scientifiques sérieux à faire valoir. Cette objection ne sera pas retenue, si ce n'est que le Conseil requit que cette action ne puisse avoir une influence sur l'attribution des doctorats scientifiques[38]. Malengreau fit une autre objection résultant d'une erreur de personne, qu'il retira dès la méprise révélée[39]. Il s'était opposé à la candidature de

---

[34] Guy Malengreau explique les faits ainsi : « Le 31 décembre 1956 à 10 heures du matin, le facteur a déposé dans ma boîte aux lettres une convocation à assister à une réunion extraordinaire du Conseil de l'École des sciences politiques et sociales qui devait se tenir le jour même à 16 heures ». AKUL, VW, n° 11 685, Copie d'une lettre de G. Malengreau au Président du Conseil de l'École des sciences politiques et sociales, 3 janvier 1956 [coquille dans l'indication de l'année, il s'agit du 3 janvier 1957].

[35] Guy Malengreau (1911-2002) fut, à côté de ses activités à l'Université de Louvain, secrétaire générale de 1947 à 1960, de ce qui était d'abord appelé Centre universitaire Lovanium, puis, à partir de 1953, Université Lovanium. P. de Bie, « Guy Malengreau », in *Problèmes de l'enseignement supérieur et de développement en Afrique centrale*, Paris, 1975, p. 11.

[36] AKUL, VW, n° 11 685, Lettre de P. de Bie à Mgr Van Waeyenbergh, 9 janvier 1957 ; Copie d'une lettre de G. Malengreau au Président du Conseil de l'École des sciences politiques et sociales, 3 janvier 1957 (voir *supra*).

[37] AKUL, VW, n° 11 685, Copie d'une lettre de Mgr Van Waeyenbergh à P. de Bie, Louvain, 15 janvier 1957. Les papiers Jacques Leclercq conservés aux archives de l'Université à l'UCL ne renferment pas le souvenir de cet affrontement.

[38] AKUL, VW, n° 11 685, Lettre de J. De Meyer à Mgr Van Waeyenbergh, 31 décembre 1956.

[39] AKUL, VW, n° 11 685, Lettre de G. Malengreau à Mgr Van Waeyenbergh, 1er janvier 1957.

Robert Schuman, en raison de la politique qu'il aurait menée en Afrique du Nord. Il visait, en réalité, Maurice Schumann[40].

À lire toute cette affaire dans les archives Van Waeyenbergh, ne se dégage-t-il pas l'impression qu'une cellule au sein de l'École des sciences politiques et sociales, incluant au minimum J. Leclercq, G. Malengreau et P. de Bie, n'était guère favorable aux doctorats *honoris causa* ? Si les questions de forme peuvent se mêler à celle du fond, quelques indices sont mis ici en exergue à l'appui de cette interrogation.

L'avis le plus clair est celui de Malengreau qui signale explicitement au Recteur : « je suis personnellement opposé à l'octroi d'un doctorat *honoris causa* à des personnalités purement politiques »[41]. Leclercq, de son côté, écrit, dans sa lettre qui fait grief à De Raeymaeker (voir *supra*), que si ce dernier n'a pas daigné demander au secrétaire et au président faisant fonction de convoquer le Conseil, c'est qu'il pensait peut-être qu'ils n'y concèderaient pas. Aurait-il utilisé cette tournure de phrase « Peut-être pensiez-vous que nous n'aurions pas accepté »[42], s'il était parfaitement obvie qu'ils fussent favorables à la proposition ? Un élément plus convaincant, provenant de la plume du chanoine, est l'évocation faite à O. De Raeymaeker d'un risque de refus collectif des professeurs de l'École d'assister à la cérémonie, suite à ce que Leclercq estime être un vice de procédure[43].

À tout le moins, les deux candidatures n'ont provoqué ni l'unanimité ni l'enthousiasme immédiat au sein de l'École[44]. La question reste

---

[40] Il a déjà été question *supra* de cette fréquente méprise. La réalisation de l'événement ne la fera d'ailleurs pas disparaître. Différentes publications postérieures se fourvoient en indiquant qu'à côté d'Adenauer, c'est Maurice Schumann qui fut promu au rang de docteur *honoris causa* (A. d'Haenens (dir.), *L'Université catholique de Louvain, op. cit.*, p. 91 ; Stedelijk Museum (Leuven), *550 jaar universiteit Leuven*, Louvain, 1976, p. 534). De même, la biographie de Schuman, réalisée par R. Poidevin, ne signale pas ce doctorat *honoris causa*. Des pays des Six, seule l'École catholique des hautes études économiques et sociales de Tilburg lui aurait conféré le titre. R. Poidevin, *Robert Schuman*, Paris, 1998, p. 124 (Politiques & Chrétiens, n° 104).

[41] AKUL, VW, n° 11 685, Lettre de G. Malengreau à Mgr Van Waeyenbergh, 1er janvier 1957. Cet argument n'avait pas beaucoup de poids, en effet, Joseph Bech pour ne citer qu'un exemple, avait été fait docteur *honoris causa* en 1954. AKUL, VW, n° 11 685, Lettre de O. De Raeymaeker à Mgr Van Waeyenbergh, 17 décembre 1956.

[42] AKUL, VW, n° 11 685, Copie d'une lettre de J. Leclercq à O. De Raeymaeker, Louvain, 4 janvier 1957.

[43] « Je n'aime pas à faire des drames, mais ceci me paraît une affaire mal emmanchée. La question n'est pas celle du fait des doctorats *honoris causa*, mais de la manière. Vous risquez une protestation collective des professeurs de l'École et qu'ils refusent de participer à la cérémonie ». *Ibid.*

[44] Dans ce sens, un indice peut encore être avancé, malgré qu'il soit plus hasardeux à interpréter. O. De Raeymaeker rappelle à Leclercq dans une correspondance : « Le

ouverte de savoir si, les vices de forme brandis par les opposants étaient le fait d'un véritable attachement à la procédure ou les outils d'un « sabotage ». Quelle que soit la part de l'un ou de l'autre, leur opposition fit long feu, ils eurent à se conformer aux décisions prises, au préalable, à l'échelon hiérarchique supérieur, le Recteur les ayant chapitrés. Ce dernier n'apprécia, en effet, que fort peu l'équipée d'une partie des membres de l'École, le ton de ses admonestations en témoigne à souhait. Si aucune preuve tangible ne permet de l'attester, il est fort à parier que le projet tenait tout particulièrement à cœur Van Waeyenbergh et ce, dès ses prémices. Au fait de leur similarité de vue, il confia les responsabilités à O. De Raeymaeker[45]. L'octroi d'un doctorat *honoris causa* à K. Adenauer et R. Schuman semble s'intégrer parfaitement aux plans à long terme du Recteur. N'attribue-t-il pas chaque année, pour donner à son Université plus de renommée, le titre de docteur *honoris causa* à des savants étrangers réputés ou à d'éminentes personnalités du monde entier ? La cérémonie qui nous occupe n'en fut-elle pas le climax[46] ?

Après tous les problèmes concernant la préparation du projet au sein de l'Université vinrent les questions, non moins sérieuses, liées à l'organisation de l'événement, plus précisément celles de la chronologie. Le Recteur pourra compter, face à ce délicat problème, sur l'engagement sans faille de l'infatigable De Raeymaeker.

Van Waeyenbergh avait souhaité réunir de toute urgence le Conseil de l'École car une date imminente[47] avait été choisie pour la cérémonie : le 2 février 1957, soit le jour de la fête patronale de l'*Alma Mater*. Il fallait se décider au plus vite, afin d'en aviser les deux intéressés qui,

---

vœu exprimé par certains collègues – dont vous-même – était de souligner dans la réponse au Recteur que l'initiative venait du Conseil Rectoral et non du Conseil de l'École ». AKUL, VW, n° 11 685, Copie d'une lettre d'O. De Raeymaeker à J. Leclercq, Weert-Saint-Georges, 5 janvier 1957.

[45] Son action fut principalement jouée dans l'ombre, peu d'échos en furent transmis et Van Waeyenbergh, par sa position, récolta tous les lauriers. Dans nos recherches, seul le journal *La Métropole* met en exergue son rôle en le qualifiant « d'un des principaux organisateurs de ces cérémonies ». *La Métropole*, 10 janvier 1958, p. 1.

[46] Le rectorat de Van Waeyenbergh augmenta effectivement la notoriété de l'Université dans le monde. L'une des conséquences de cet état de fait fut les quatorze doctorats *honoris causa* délivrés par des Universités étrangères au Recteur, incarnation de l'Université de Louvain. J. A. Aerts, « Waeyenbergh, Honoré van », in *Nationaal biografisch woordenboek*, Bruxelles, 1977, t. VII, col. 1054.

[47] De Raeymaeker avait recommandé, en décembre 1956, d'opter pour une date antérieure aux vacances de Pâques 1957. Deux éléments l'encourageaient à organiser l'événement sans tarder : l'âge avancé du Chancelier et les risques liés à une modification de la conjoncture politique en Allemagne, suite aux élections qui se profilaient en 1957. AKUL, VW, n° 11 685, Lettre de O. De Raeymaeker à Mgr Van Waeyenbergh, 17 décembre 1956.

pour leur part, n'avaient pas encore eu vent d'un quelconque projet de collation...

Mais, cette première date n'arrange aucune des deux personnalités[48]. Les organisateurs s'essayent alors à la recherche d'une autre possibilité. L'objectif de l'Université étant de célébrer cet événement à une date signifère, le Recteur énonce la proposition d'une journée, en mai 1957, afin de relier l'attribution des doctorats à la signature des traités de Rome[49]. À nouveau, tentative nulle, les occupations diverses des deux protagonistes font de l'obstruction.

Il faut alors reporter la cérémonie à l'année académique ultérieure pour cause d'examens et de vacances des étudiants. La nouvelle date proposée est celle du 7 octobre, jour de la séance solennelle de l'ouverture de l'année académique[50]. Mais si Schuman peut se libérer[51], ce n'est pas le cas d'Adenauer qui fête, la veille, en Suède, le mariage de son fils[52].

La recherche d'une date commune est tellement épineuse qu'il est même envisagé d'accorder indirectement le doctorat à Adenauer. Mais, De Raeymaeker s'y oppose formellement. Le déplacement d'une délégation de l'Université de Louvain à Bonn ruinerait le caractère européen de la manifestation. De plus, Adenauer s'était rendu plusieurs fois aux États-Unis et dans d'autres pays pour recevoir le même titre, il pouvait donc se déplacer jusqu'à Louvain[53]...

Le 2 février, de l'année 1958, cette fois, est à nouveau à l'horizon. Mais, De Raeymaeker n'opte pas pour cette solution. Il s'agit d'un week-end, or l'homme est particulièrement à cheval sur le choix d'un jour en semaine, hors vacances et hors examen, de sorte de garantir une présence massive des étudiants dans la ville universitaire. Il convient d'assurer le plus grand retentissement possible de l'événement, et ce, au regard du côté symbolique que l'on désire y attacher[54]. Tout au long du

---

[48] AKUL, VW, n° 11 685, Lettre de R. Schuman à Mgr Van Waeyenbergh, 11 janvier 1957 ; Lettre du Dr Globke à Mgr Van Waeyenbergh.

[49] AKUL, VW, n° 11 685, Lettre de Mgr Van Waeyenbergh à R. Schuman, 6 mars 1957.

[50] *Ibid.*, 13 mai 1957.

[51] AKUL, VW, n° 11 685, Lettre de R. Schuman à Mgr Van Waeyenbergh, 17 mai 1957.

[52] AKUL, VW, n° 11 685, Lettre du Baron de Gruben à Mgr Van Waeyenbergh, 7 août 1957.

[53] AKUL, VW, n° 11 685, Lettre d'O. De Raeymaeker à Mgr Van Waeyenbergh, 21 août 1957.

[54] De Raeymaeker se préoccupe aussi de la question étudiante par sa position dans le Cercle des Relations Internationales des étudiants flamands, qui s'intéressait à l'Europe, et où Schuman était déjà venu partager en 1955 son expérience avec le pu-

processus du choix de la date, il reviendra en scène pour rappeler la nécessité de la présence estudiantine qui, selon ses mots, « accorderait assurément une signification spéciale à l'attribution de ces doctorats, qui suppose la présence d'un grand nombre d'étudiants »[55]. Les faits lui donneront raison[56].

Lassé par toutes ces déconvenues de calendrier, De Raeymaeker propose, qu'à titre exceptionnel, il soit demandé à Adenauer de proposer des dates. L'affaire fut donc réglée directement par Bonn[57], le 10 janvier étant l'un des jours proposés par le Chancelier qui convenait tant à l'Université qu'à Robert Schuman[58]...

II. Cérémonie, échos et réactions en aval

Il est, tout d'abord, intéressant de constater, à titre de lien avec la première partie, que les réactions *a posteriori* ne font guère mention des tergiversations, surséances et autres flottements résultants des prémices de l'organisation. Cela donne à penser que, malgré le temps écoulé, les disputes et quelques indiscrétions, le secret fut, dans les grandes lignes, bien préservé.

Quels furent la résonance de l'événement, l'accueil qu'il reçut auprès de divers publics, les idées-forces dégagées, etc. ? Nous disposons, pour réponse, de deux sources principales : la presse et les réactions épistolaires reçues par le Recteur.

A. Courriers adressés à Mgr Van Waeyenbergh ou à l'Université

Les avis témoignés par ce biais sont massivement élogieux. Quelques voix discordantes se font néanmoins entendre. Les papiers

---

blic estudiantin. Voir article de G. Duchenne dans ce volume ainsi que M. Brike, « Professor Dr O. De Raeymaeker, stichter en bezieler van de Kring voor Internationale Betrekkingen te Leuven », in *Belgisch buitenlands beleid, op. cit.*, p. 51.

[55] AKUL, VW, n° 11 685, Lettre d'O. De Raeymaeker à Mgr Van Waeyenbergh, Louvain, 4 décembre 1956.

[56] Même si son avis ne fut pas, dès le départ, pris en considération. La première date proposée étant le 2 février 1957, O. De Raeymaeker prend conscience qu'il s'agit d'un samedi et propose donc de la déplacer (AKUL, VW, n° 11 685, Lettre de O. De Raeymaeker à Mgr Van Waeyenbergh, Louvain, 4 décembre 1956). Malgré cette argumentation, le choix du 2 février fut maintenu jusqu'à ce que cette date soit refusée, pour d'autres raisons, par les deux futurs récipiendaires.

[57] AKUL, VW, n° 11 685, Lettre d'O. De Raeymaeker à Mgr Van Waeyenbergh, 21 août 1957.

[58] AKUL, VW, n° 11 686, Lettre de Mgr Van Waeyenbergh à R. Schuman, 7 novembre 1957.

Van Waeyenbergh ont ainsi conservé trois missives particulièrement acerbes. Ces critiques portent, comme de bien entendu, sur la personne d'Adenauer.

L'un des auteurs est allemand, les deux autres sont belges. L'origine géographique des expéditeurs a nécessairement influencé la teneur du contenu, semblable quant à l'antipathie éprouvée pour le Chancelier, mais divergent quant aux origines de cette aversion.

Le compatriote d'Adenauer se plaint en particulier de la personne même du chef d'État et de sa politique. Il signale que ce sont ses adjoints qui mènent la barque, que le « vieillard » n'entend plus rien au monde actuel, qu'il conduit son pays à la chute, etc. La collation est donc, à son avis, un non-sens et une folie[59].

Les deux autres, si elles ne sont pas plus amènes, témoignent du point de vue hostile attendu dans le « camp des Alliés ». Peu fiers des agissements de l'Université, ils considèrent que la cérémonie témoigne de l'oubli des massacres soufferts au cours des deux guerres mondiales.

La première qualifie le Chancelier d'« Adenauer-Hitler ». Pour l'expéditeur, il aurait convenu, au lieu de l'honorer, d'exiger de « ce représentant du bétail humain des rives de Rhin » de faire amende honorable. De plus, il croit bon de rafraîchir la mémoire du Recteur par quelques éléments d'histoire récente : « Vous semblez avoir déjà oublié, M[onsei]g[neu]r, que les boches ont envahi les pays de leurs voisins pour s'y livrer joyeusement au vol, au viol, au pillage, à l'incendie. Plus de 25 millions d'êtres humains ont été assassinés ou torturés par ces bandits ». La conclusion est donc toute trouvée : « en honorant toutes ces canailles vous semblez, M[onsei]g[neu]r, protéger et lécher les bottes des criminels et des voleurs. Est-ce cela la religion que le Christ vous a enseignée ? »[60]. Il est vrai que l'auteur peut en juger, il signe de la dénomination de « Chrétien-Patriote »… Le second choisit un « souvenir de Bruxelles » pour faire connaître ses positions. Au dos de la représentation de Manneken Pis, il reprend la même thèse, l'amnésie quant au mal infligé par les Allemands. Après une philippique brouillonne à l'orthographe fantaisiste, il se rassure en affirmant que pour les « deux vagabonds » qui ont été gratifiés « le moment viendra que Dieu s'en occupera de les mettre derrière la lune que les sots iront visité »[61] (*sic*)…

---

59 AKUL, VW, n° 11 697/A : Lettre d'un Allemand [signature illisible] à l'Université, 11 janvier 1958.

60 AKUL, VW, n° 11 691 : Lettre anonyme (signée Chrétien-Patriote) à Mgr Van Waeyenbergh, Liège, 22 janvier 1958.

61 « N'avez-vous pas été tourmentée ? par vôtre âme ses derniers jours ? Vous avez oublié 1914-1918 en plus 1940-1945 les camps de tortures et de concentration ? en

Remarquons d'emblée que dans le dépouillement de la presse effectué, seul un mensuel *De Waarheid*, édité par la fédération louvaniste du Parti communiste, défend une même ligne de conduite hostile[62].

Pour le reste, la boîte aux lettres du Recteur fut remplie de propos élogieux. Les louanges allèrent dans de multiples directions, tout en restant dans un canevas attendu, se félicitant de la promotion de la paix, de la chrétienté, de l'Europe ou de la grandeur de l'Université. Il en sera de même dans la presse, chacun insistant cependant sur ce qui lui tient davantage à cœur. Épinglons quelques correspondances de ce type. Pierre de Smet, professeur à l'Université, insiste sur l'aura qui va résulter de l'événement tant en Belgique qu'à l'étranger[63]. Le Lieutenant général Dinjeart, chef de la maison militaire du roi, se félicite, quant à lui, de la proclamation de la place de l'idée chrétienne dans le processus d'intégration européenne[64]. Albert Lohest, délégué général des Nouvelles équipes internationales, souligne l'impact de l'enthousiasme estudiantin sur la résonance de l'événement à l'étranger[65]. Les exemples peuvent ainsi être multipliés.

B. La presse

1. Perspectives critiques

Trois éléments gagnent à être mis en exergue pour permettre nuances et critiques par rapport à l'analyse de la presse : la préparation médiatique de l'événement et ses « insuccès », les concentrations de presse et le rôle de l'agence Belga.

Le bon déroulement de l'événement au niveau médiatique était tout à fait crucial pour l'Université. En effet, la manifestation se devait d'être symbolique. S'il convenait d'honorer les deux personnalités et ce qu'elles représentaient, il s'agissait aussi de veiller à l'image de l'Université et de lui assurer une visibilité sur une échelle la plus large possi-

---

quantité, et que ces jour dernier vous avez assister à fête ses deux Vagabonds, c'est pas beau cela ? […] il y a des home Belge qui mérite le titre Docteur honoris causa » [*sic* !]. AKUL, VW, n° 1 691 : Carte postale envoyée par « P. de Grelle M. Baist [?] » à Mgr Van Waeyenbergh.

62   Voir *infra*.

63   AKUL, VW, n° 11 702 : Lettre de P. de Smet à Mgr Van Waeyenbergh.

64   AKUL, VW, n° 11 702 : Lettre du Lieutenant général Dinjaert à Mgr Van Waeyenbergh, 13 janvier 1958.

65   « J'ai fait, depuis lors, un voyage en Allemagne et j'ai pu me rendre compte de la résonance qu'a eue, à l'étranger, l'attitude qu'a encore renforcée un enthousiasme estudiantin sans fausse note ». AKUL, VW, n° 11 702 : Lettre d'A. Lohest à Mgr Van Waeyenbergh, 4 février 1958.

ble. Le Recteur s'enquière, par conséquent, d'assurer le bon déroulement des opérations au niveau médiatique[66].

Les détails de l'organisation sont connus d'une manière détournée, par la plainte d'un journaliste, Théo Bogaerts, présent sur place pour le journal hollandais *De Maasbode*[67]. Sa missive, adressée au Recteur, proteste en signalant que tous les journalistes n'ont pu recevoir les textes des allocutions distribués par l'Université. Il cite, en exemple, les personnes dépêchées par de *The Associated Press, France-Presse, Reuters, The New York Times, Le Soir*, des représentants de journaux allemands, etc.[68]. Pourfendant ces attaques, H. Buntinx, le responsable des relations de l'Université avec la presse, narre sa version des faits. Selon lui, la plainte du journaliste concerne un incident mineur, relatif à des personnes n'ayant pas suivi les consignes annoncées. Il note que le personnel du secrétariat a déclaré qu'au moins une trentaine à une quarantaine de journalistes étaient présents lors de la distribution prévue des textes dans les Halles universitaires[69]. Ils y ont reçu le contenu des *laudationes* prononcées par van Zeeland et Eyskens[70]. Quant au texte du Chancelier, qui devait être remis par l'attaché de presse de l'Ambassade d'Allemagne, il n'a été disponible que peu avant la séance. Seuls les représentants du journal *De Maasbode* et de *The Associated Press* se seraient plaints de n'avoir reçu les documents distribués dans les Halles[71], alors que le reste des journalistes s'adonnaient, dès avant la séance, à la lecture et au tri des extraits à reproduire[72].

Ce qui peut sembler du domaine de l'anecdote est, en fait, révélateur de différents éléments. *Primo*, de l'attention forte pour le retentissement

---

[66] Selon une lettre du Recteur, quatre-vingts places étaient prévues pour la presse. AKUL, VW, n° 11 704 : Lettre de Mgr Van Waeyenbergh à Th. Bogaerts, 21 janvier 1958.

[67] Il était le correspondant à Bruxelles du journal *De Maasbode* et a été pendant des années président du 'Belgische Journalistenbond'. H. Vermeulen, *De Maasbode. De bewogen geschiedenis van 'DE beste courant van Nederland'*, Zwolle, 1994, p. 164.

[68] AKUL, VW, n° 11 704 : Lettre de Th. Bogaerts à Mgr Van Waeyenbergh, 11 janvier 1958. Si les journalistes étaient conviés dans les Halles à 15h30 pour recevoir des textes. Theo Bogaerts, le 'plaignant' dans l'affaire, proteste du fait que la majorité des journalistes n'avaient pas connaissance de ce rendez-vous.

[69] AKUL, VW, n° 11 704 : Lettre de H. Buntinx à Mgr Van Waeyenbergh, 18 janvier 1958.

[70] À ce moment, certaines plaintes se sont fait entendre, car ces textes n'avaient pas été traduits en néerlandais. Mais, il fut expliqué aux requérants que le texte de van Zeeland fut seulement reçu la veille au soir et celui d'Eyskens le matin même. AKUL, VW, n° 11 704 : Lettre de H. Buntinx à Mgr Van Waeyenbergh, 10 janvier 1958.

[71] *Ibid.*

[72] *Ibid.*, 18 janvier 1958.

de l'événement de la part de l'Université et de son Recteur, qui prend l'affaire Théo Bogaerts très au sérieux. *Secundo*, les textes des discours ont été distribués, comme il est de coutume en pareille circonstance. Ils constitueront, d'ailleurs, la principale nourriture de la gent journalistique. *Tertio*, il s'agit d'un point à prendre en considération dans l'analyse de la presse, puisque tous les journalistes ne se sont visiblement pas retirés avec le même gibier.

Un autre élément permet de jauger du haut intérêt du Recteur pour les échos de l'événement dans la presse. Ainsi Van Waeyenbergh peut-il, la tête haute, annoncer au plaignant du journal *De Maasbode* qu'il a fait lecture dans presque tous les journaux catholiques et dans beaucoup de journaux non catholiques de relations louangeuses intégrant des citations de discours[73].

Il passe la presse au crible, mais, dans ses vérifications, une lacune le turlupine, l'absence d'article dans le journal *Het Nieuws van den Dag*. Il s'en inquiète dès le 14 janvier[74]... En réalité, il y aura bien un compte rendu, mais se bornant à quelques lignes en seconde page. Le Recteur réceptionne alors les éclaircissements du journal, qui lui rappelle, pour ce faire, la nouvelle donne quant à son positionnement. *Het Nieuws van den Dag* est rentré, depuis le 1er juillet 1957[75], dans une concentration de presse avec le groupe *De Standaard*. Ainsi, il lui est précisé que, tant pour *Het Nieuws van den Dag* que pour *'t Vrije Volksblad*[76], la rédaction du groupe écrit tout à l'exception de la rubrique 'Kunst en Letteren'. Un même modeste rapport de la journée du 10 janvier 1958, d'une trentaine de lignes en deuxième page, est donc présent dans ces deux journaux comme dans *Het Nieuwsblad*[77]. Son contenu est maigre et extrêmement factuel, se contentant de rapporter qu'Adenauer est arrivé en train spécial, que les deux personnalités ont été acclamées par les invités et qu'un repas fut donné au château d'Arenberg. Rien n'est relaté des

---

[73] AKUL, VW, n° 11 704 : Lettre de Mgr Van Waeyenbergh à Th. Bogaerts, 21 janvier 1958.

[74] AKUL, VW, n° 11 704 : Lettre de Mgr Van Waeyenbergh à H. Buntinx, 14 janvier 1958.

[75] En 1957, le groupe *Standaard* acheta *Het Handelsblad* et *Het Nieuws van de Dag*, et en 1959 *De Gentenaar/De Landwacht*. E. De Bens, K. Raeymaeckers, *De pers in België. Het verhaal van de Belgische dagbladpers. Gisteren, vandaag en morgen*, Louvain, 2007, p. 74.

[76] Le journal *Het Nieuws van den Dag* avait, en effet, lui-même repris *'t Vrije Volksblad* qui fut vite réduit à devenir 'kopblad' de son acquéreur. *Ibid.*, p. 296.

[77] Initialement, au rachat, la famille Duplat-Huyghe continuait à imprimer le journal et seules les nouvelles sportives étaient reprises par *Het Nieuwsblad*. Peu après, *Het Nieuws van den Dag* et *'t Vrije Volksblad* ne furent plus que, contre la volonté de Duplat-Huyghe, des 'kopbladen' de *Het Nieuwsblad* et disparurent, finalement, en 1965. *Ibid.*, p. 296.

thèmes marquants qui firent la spécificité de la manifestation : Europe, paix, chrétienté, mérite de l'Université[78]. Remarquons ici, en incise, que *De Standaard* ne suit pas la ligne des autres gazettes de son groupe en faisant la part belle à l'événement[79].

Le cas précité n'est, bien entendu, pas le seul du genre. Par exemple, *De Nieuwe Gids* propose le même article que *Het Volk* et il en serait de même pour *Antwerpse Gids*. En effet, les trois journaux ne divergent seulement, à cette époque, qu'en termes éditoriaux et de mise en page de leur une[80].

L'impact de ce phénomène de concentration sur une certaine uniformité des informations données peut être fort, il faut donc se méfier de la loi du nombre. De plus, au-delà du phénomène des concentrations, divers journaux qui ne se sont pas rattachés l'un à l'autre, peuvent proposer des articles qui sont, à très peu de choses près, similaires[81]. Un *stemma codicum* fort succinct permet de constater que les dépêches de l'Agence Belga ont été pour un grand nombre de quotidiens la source primordiale, voire unique, de leurs articles... Le reportage Belga est réalisé par un envoyé spécial, P. Pieret, dont les dépêches parviennent *grosso modo* entre 13 h 20 et 19 h 20[82]. L'exploitation qui en est faite varie, naturellement, d'un journal à l'autre. La question de la formation de l'information est ainsi posée.

Du côté francophone, l'influence des communiqués Belga est à trouver dans les quotidiens de l'échantillon qui donnent une large couverture à l'événement, à l'exception du journal *Le Soir*[83] dont un envoyé spécial assure l'écriture de l'article. Quant aux autres (*La Libre, La Métropole, Vers l'Avenir, la Dernière Heure, La Cité*, etc.), l'influence peut se faire percevoir peu ou prou. Pour certains journaux comme *Vers l'Avenir* ou la *Dernière Heure*, le travail propre consiste principalement en quelques

---

[78] Ce que le responsable de *Het Nieuws van den Dag* estime comme tout à fait insuffisant. Il signale d'ailleurs au Recteur que jamais telle situation ne se serait présentée auparavant. AKUL, VW, n° 11 704 : Lettre de Jan Duplat à Mgr Van Waeyenbergh, 24 janvier 1958. Voir également *Het Nieuwsblad*, 11 janvier 1958, p. 2.

[79] *De Standaard*, 11 janvier 1958, p. 1 et 5.

[80] À partir de mars 1950, *De Nieuwe Gids* fut imprimé par *Het Volk* et, en novembre 1952, suivit le rachat intégral. *Het Volk* est alors en possession aussi bien de *De Nieuwe Gids* que de l'édition régionale d'Anvers, *De Antwerpse Gids*, comme des hebdomadaires du groupe, *Spectator* et *'t Kapoentje*. Voir E. De Bens, K. Raeymaeckers, *De pers in België*, *op. cit.*, p. 332.

[81] Voir *infra*.

[82] Bibliothèque royale de Belgique, Archives de l'agence Belga, Communiqués de presse : rédaction française, volume 10-12 janvier 1958, 10 janvier 1958, Rédaction intérieure : 30, 32, 51-58, 72.

[83] *Le Soir*, 11 janvier 1958, p. 3 ; 12 janvier, p. 1.

changements de forme ou de fond, accompagnés du choix d'un titre et de la césure en paragraphes. D'autres journaux, comme *La Métropole*, envoient un journaliste sur place, mais ont recours à Belga pour les passages relevant de la description de l'événement.

Si, sans en tirer de conclusions généralistes, les journaux flamands semblent être moins friands des « persmededelingen » (*Het Volk* et *De Nieuwe Gids* n'en font pas usage), *De Standaard* et *Het Belang van Limburg* procèdent comme *La Métropole* et mangent à plusieurs râteliers dont celui de Belga (édition flamande)[84].

L'utilisation de ces dépêches est surtout le fait des quotidiens, les revues, ne travaillant pas dans l'urgence, peuvent s'autoriser une prise de recul et un temps d'écriture propre. Seule la chronique de la revue *Lovania*, dans l'échantillonnage, reprend le texte de Belga qu'elle a pu cependant consulter au sein d'autres périodiques[85].

2. *Analyse de la presse écrite*

Divers médias ont, cela va de soi, couvert l'événement : radio[86], agence de presse et de photos de presse[87], etc. étaient présentes. Cette analyse se concentre, quant à elle, sur la presse écrite belge, des trois régions du pays, qu'elle soit quotidienne, hebdomadaire ou mensuelle.

Quelques coups de sonde ont également été effectués dans la presse des pays limitrophes qui a pu, mais souvent avec moins d'intensité et de

---

[84] Bibliothèque royale de Belgique, Archives de l'agence Belga, Persmededelingen : vlaamse uitgave, volume 6-10 janvier 1958, 10 janvier 1958, Rédaction intérieure : 30, 32, 51-58, 72.

[85] « Chronique », in *Lovania, critique, idées tendances*, 1958, n° 8 (3e trimestre), p. 127-128.

[86] En ce qui concerne la radio, un élément qui advint *a posteriori* peut être intéressant à relever. Il fut signalé au Recteur par correspondance (AKUL, VW, n° 11 702 : Lettre du Comte Strachwitz, 18 janvier 1958 ; Lettre du Baron de Gruben, 24 janvier 1958). Le 15 janvier, Adenauer fit un discours, sur les problèmes de politique étrangère, diffusé sur les radios d'Allemagne de l'Ouest, où il introduisit des commentaires sur la cérémonie louvaniste du 10 janvier : acte hautement symbolique de la croissance de l'unité européenne, de l'amitié entre des nations naguère encore ennemies, contraste entre les horreurs connues par la ville de Louvain et la situation de 1958 où des milliers d'étudiants louvanistes acclamaient un Français et un Allemand. *The Bulletin. A weekly survey of German affairs issued by the Press and Information Office of the German Federal Government*, 21 janvier 1958, p. 3. Deux radios étaient, au moins présentes lors de la cérémonie : Radio Vrij Europa et INR. AKUL, VW, n° 11 704 : Lettre de Buntinx à Mgr Van Waeyenbergh, 18 janvier 1958.

[87] Par exemple, l'agence de photo de presse néerlandaise Anefo N. V. était présente. AKUL, VW, n° 11 694. Lettre de C. Evere au sénat de l'Université de Louvain, 26 novembre 1957. Les photos prises par son photographe, Joop van Bilsen, sont disponibles sur la banque d'images des Archives Nationales des Pays-Bas (http://www.beeldbank.nationaalarchief.nl).

détails, révéler à ses lecteurs le déroulement de l'événement. Qu'il suffise de rappeler le dessein des organisateurs d'enjamber les frontières, pour saisir l'intérêt d'une analyse plus poussée à l'international. Pour l'heure, nous nous cantonnerons, sur ce point, à un aperçu des plus modestes. Si d'aucuns se félicitent du retentissement qu'a eu l'événement, force est de constater que dans nos menues recherches au-delà des frontières belges, l'impression n'est pas la même[88]. La moisson internationale fut relativement maigre. À l'appui de ce sentiment, Adenauer signale, le 15 janvier 1958, dans un discours diffusé sur les radios de l'Allemagne de l'Ouest que l'événement si symbolique du 10 janvier n'a pas reçu toute l'attention qu'il méritait auprès du public, parmi les événements plus dramatiques de la 'grande' politique[89]. Si le journal estudiantin *L'Ergot* amorce son article consacré à la cérémonie par ces mots « Il peut vous paraître vain que l'on rappelle ici un évènement dont furent remplies les colonnes de tous les quotidiens »[90]. Il serait plus juste d'adjoindre au terme 'quotidiens' ceux de « belges catholiques ».

Quant à la presse belge, de l'absence de mention, à la couverture détaillée de l'événement incluant détails et anecdotes sur plusieurs pages, en passant par quelques lignes au détour de la page deux et les articles constitués quasi exclusivement de photos[91], l'importance donnée à l'événement par les différents journaux est, on se l'imagine volontiers, très variable. Cette réalité rend la comparaison assez difficile. De plus, si la majorité des quotidiens propose leur texte le samedi 11 janvier, soit le lendemain, la nécessaire rapidité d'exécution de l'article et le manque de recul n'autorisent généralement qu'un compte rendu relativement

---

[88] Ainsi, quant aux français, nous avons cherché dans divers journaux parmi les plus importants. Sans succès, nous avons dépouillé : *Le Figaro*, *Le Monde*, *Le Monde diplomatique*, *L'Express*, *L'humanité*, *Paris Match* et d'autres encore. Deux quotidiens allemands (*Kölnische Rundschau* du 11 janvier et le *Passauer Neue presse* du 13 janvier) signalent à peine l'événement. Le journal hollandais *De Maasbode* du 11 janvier, dont le correspondant local avait fait des siennes pour la non-réception des discours, fait néanmoins un compte rendu élogieux. D'autres journaux étrangers consultés ont encore octroyé une mention, bien que souvent maigre de renseignements : *L'Osservatore romano* (19 janvier) ; *The Tablet. A weekly newspaper & review. Pro Ecclesia Dei, Pro Regina et Patria* (25 janvier), etc.

[89] *The Bulletin. A weekly survey of German affairs issued by the Press and Information Office of the German Federal Government*, 21 janvier 1958, p. 3. Au sujet de ce discours voir note de bas de page *supra*.

[90] « Deux gloires au pavois... Leurs Excellences Messieurs Adenauer et Schuman reçus Docteurs *Honoris Causa* », in *L'Ergot*, 15 janvier 1958, p. 1.

[91] *Le Patriote illustré* consacre deux pages à l'événement. Elles sont entièrement recouvertes de photographies annotées d'une simple ligne de description. X., « Le 10 janvier à l'Université de Louvain, Le Chancelier Adenauer et M. Robert Schuman ont été nommés docteurs 'Honoris Causa' », in *Le Patriote illustré*, 19 janvier 1958, p. 84-85.

factuel se ressemblant d'une gazette à l'autre, quand il n'est pas quasi similaire. Les articles répondant à cette description constituent cependant la majorité des éléments récoltés. S'il ne peut être question, dans ce cadre, de traiter de tous ces détails factuels qui fleurirent dans les gazettes : heure d'arrivée du train spécial d'Adenauer, solennités, toges des professeurs, trompettes thébaines[92], etc., ces éléments ne sont en rien anodins. Ils répondent au goût particulier du Recteur pour les cérémonies spectaculaires, augmentant le prestige de l'*Alma Mater*[93].

Malgré la place réservée à l'ornement et au décor, les principaux thèmes qui firent la particularité de la manifestation ne furent pas en reste. L'Europe, la chrétienté, la paix, l'Université, etc. sont bien présentes, sous diverses formes, avec une insistance variable en fonction des inclinations du journal. Ce fait peut, assez significativement, s'observer au niveau des titres et plus encore dans les surtitres des articles. Bien souvent, et c'est une constante journalistique, le titre principal comprend simplement l'information de l'attribution de doctorats *honoris causa*. Le surtitre peut, quant à lui, s'il existe, donner en première touche, une ou plusieurs idées-forces au lecteur quant à la compréhension de l'événement.

Les articles qui se contentent du seul titre énonciatif sont plutôt rares. S'ils annoncent la promotion sans la commenter, une variante révélatrice est néanmoins observable. Le cas le plus fréquent est celui de la mention des noms des deux personnalités célébrées. Cependant, certains, plus avares, se limitent à celui d'Adenauer. Il s'agit surtout des articles les plus brefs, comme celui de *Het Niewsblad* dont il a été question *supra*[94]. Plus difficile à interpréter, à ce niveau, est le texte de l'hebdomadaire estudiantin *Ons leven*[95]. Dans le numéro du 14 janvier, paraît l'article « Konrad Adenauer docteur *honoris causa* de notre *Alma mater* » se

---

[92] Le journal *De Nieuwe Gids* (11 janvier 1958, p. 1) propose notamment en surtitre « Een plechtigheid vol luister », c'est-à-dire « une cérémonie pleine d'éclat ».

[93] Autres exemples de solennités de ce type : sa consécration épiscopale en octobre 1954, la célébration, en 1959, du Ve centenaire du pape Adrien VI. X., *L'Université de Louvain*, *op. cit.*, p. 254.

[94] À remarquer, en incise, que les deux journaux allemands précités (*Kölnische Rundschau* et *Passauer neue Presse*) se situent dans cette catégorie. Leurs titres signalent, de surcroît, qu'il s'agit du seizième titre de docteur *honoris causa* du Chancelier. Cette précision, qui tend à amoindrir quelque peu la portée de l'événement, n'est divulguée que parcimonieusement dans la presse belge. Signalons cependant une sympathique coquille dans *La Métropole* qui substitue l'expression 'collection des grades' à celle de 'collation des grades'. *La Métropole*, 11 et 12 janvier 1958, p. 3.

[95] Organe du « Katholiek Vlaams Hoogstudentenverbond », il parut pour la première fois le 15 octobre 1888 et deviendra le reflet de la vie des étudiants flamands à Louvain. M. De Goeyse, « Ons Leven », in *Encyclopedie van de Vlaamse Beweging*, t. II, Tielt-Amsterdam, 1975, p. 1135.

contentant d'un bref récapitulatif de la vie du Chancelier[96]. Si une analyse rapide le classerait parmi ceux qui ne privilégient que l'hôte allemand, nous avons plutôt tendance à penser que l'article, malgré la date tardive de sa parution, fut consigné avant l'événement par un auteur ignorant encore la venue de R. Schuman. Le numéro ultérieur de la revue, qui fait choix pour couverture de photos de la cérémonie et qui, dans un article, en livre les détails, signale que la présence de R. Schuman aux côtés du Chancelier, ne fut connue qu'à la dernière heure[97]. Quelles que soient les qualités reconnues au Français, dès l'origine, lors de la cérémonie ou dans les échos, il joue donc les seconds violons et les ouvriers de la onzième heure. C'est à la fois la force du symbole et le statut politique qui le séparent du Chancelier. Si l'Université souhaite montrer son appui à l'idée européenne, elle désire surtout, et les deux idéaux sont convergents, faire un geste emblématique de réconciliation envers l'ennemi d'hier, soit symboliquement Adenauer.

Avant de traiter des titres qui mettent en exergue une ou plusieurs idées maîtresses de la cérémonie, il est bon de considérer brièvement le cas du journal qui s'oppose à l'événement. Dans notre échantillon de presse belge, seule une publication répond à cette catégorie : *De Waarheid*, le mensuel de la fédération louvaniste du parti communiste. Son point de vue n'est guère étonnant et reprend les thèses virulentes de sa mouvance à l'égard de l'Allemagne de l'Ouest[98]. Ce journal consacre un article à la collation des doctorats *honoris causa*, tant pour prévenir de l'infamie à venir dans son édition de janvier, « Adenauer dehors ! L'Université catholique de Louvain pousse l'effronterie trop loin »[99] que dans celle de février, « L'homme qui prépare l'Allemagne à une nouvelle guerre de vengeance »[100], pour déblatérer contre l'événement désormais passé, en confirmant les mises en garde exprimées dans le premier. L'objectif est de montrer les similarités supposées entre la situation contemporaine en Allemagne de l'Ouest et celle de l'Allemagne nazie et, par là, de présenter à ses lecteurs les risques encourus. Les souffrances de la ville de Louvain sont longuement rappelées pour

---

[96] R. B., « Konrad Adenauer doctor *honoris causa* aan onze Alma mater », in *Ons leven. Studentenweekblad*, 14 janvier 1958, p. 3.

[97] Picador, « Picadoria », *Ons leven. Studentenweekblad*, 21 janvier 1958, p. 3.

[98] Voir P. Lagrou, *Mémoires patriotiques et Occupation nazie. Résistants, requis et déportés en Europe occidentale 1945-1965*, Bruxelles, 2003, p. 256-257.

[99] Cf. « Geen eredoktoraat maar… Adenauer heraus ! De katholieke Universiteit drijft de onbeschaamdheid te ver », in *De Waarheid*, Janvier 1958, p. 1.

[100] L. Van Brussel, « De man die Duitsland klaarmaakt voor een weerwraakoorlog. Konrad Adenauer doctor *honoris causa* van de Katholieke Universiteit », in *De Waarheid*, février 1958, p. 1.

s'épancher ensuite sur les dangers d'une *Werhmacht* allemande ranimée. Adenauer est visé comme l'un des principaux responsables de l'abjection Ouest-allemande : protection et promotion des criminels en bourrant les ministères de fonctionnaires nazis ; poursuite d'une politique hitlérienne en rétablissant l'armée allemande et en interdisant le parti communiste, etc. Enfin, si l'enthousiasme des étudiants lors de la cérémonie est avéré, le journaliste préfère retenir le commentaire de quelques femmes du peuple qui, dit-il, passaient par hasard par là et dirent notamment au sujet d'Adenauer « Au moins nous voyons ces types ici, au mieux c'est »[101].

Le journal interprète la remise d'un doctorat *honoris causa* au Chancelier, comme la gratification de son combat contre le communisme. Si cette lutte ne constitue pas l'épicentre de la cérémonie, il est vrai qu'elle y trouve place. Ainsi, le journaliste Francis Monheim, de la *Métropole*, après avoir rappelé que l'événement louvaniste donnait des raisons d'espérer en l'avenir, désigne toutefois ce futur d'« avenir menacé » : « l'euphorie qui régnait à la Grande Rotonde n'empêcha pas le chancelier Adenauer de dénoncer les dangers du communisme »[102]. En effet, ce dernier introduisit explicitement cette donne politique dans son allocution. Mais en présentant le communisme comme politique et philosophie, comme vision globale du monde opposée au christianisme, il ôtait le débat de la sphère strictement politique pour l'intégrer à celle de la « lutte spirituelle »[103].

Ensuite, il y a les journaux qui insistent sur ce qu'ils considèrent comme les principaux aspects positifs de la cérémonie. L'enthousiasme débridé des étudiants est en bonne place, *Het Volk* surtitre « Les étudiants accueillent les deux hommes d'États d'une manière extrêmement chaleureuse »[104]. Les publications estudiantines ne sont pas en reste quant à cette question. *L'Ergot*[105] souligne « combien l'initiative de

---

[101] « Hoe minder wij van die kerels hier zien, hoe beter het is ». Cf. *ibid.*

[102] *La Métropole*, 11 et 12 janvier 1958, p. 3.

[103] Voir les discours reproduits en annexe dans ce volume. Le quotidien hollandais *De Maasbode*, du 11 janvier, reprend en sous-titre les mots d'Adenauer traduits en néerlandais « Alleen het christendom van de geest en de daad kan het communisme bestrijden », à savoir : « Seul le christianisme de l'esprit et de l'action peut combattre le communisme ». Au sujet de la dimension anti-communiste de la cérémonie voir article du professeur Dumoulin.

[104] « Studenten verwelkomen op buitengewoon hartelijke manier beide staatslieden ». Cf. *Het Volk*, 11 janvier 1958, p. 1.

[105] *L'Ergot* est l'organe officiel de la Fédération wallonne des étudiants de Louvain. Son premier numéro est paru le 20 janvier 1932. De janvier 1946 à décembre 1948, il sera remplacé par « Chantecler » mais ressuscitera en février 1949. Voir M. Libon, « Fédération wallonne des étudiants de Louvain », in *Encyclopédie du Mouvement wallon*, t. II, Charleroi, 2000, p. 618-619.

Mgr le Recteur rencontrait leurs vœux, leur sympathie. L'on a pu voir que l'adhésion de la jeunesse catholique à l'idée européenne, à l'idéal de fraternité, n'est pas un vain mot ! »[106].

Comme signalé *supra*, O. De Raeymaeker n'avait pas ménagé son énergie pour associer les étudiants à l'événement et augmenter, par cette présence, l'impact symbolique de la cérémonie. Il ne croyait pas si bien dire et la presse, d'une manière générale, accorde une importance remarquable à la description de la foule en liesse. Il est vrai que l'ardeur estudiantine fut tout particulièrement forte et à ce point inattendue, qu'elle a pu, au moins partiellement, empêcher le bon déroulement des opérations[107].

Devant cette foule en ébullition, chaque journal y va de sa petite anecdote. *Het Volk* relate que la cohue était telle que le cortège des personnalités fut disloqué et qu'Adenauer put dire en riant, après avoir regardé en tous sens, « Mein Freund Schuman ist verloren ! »[108]. Effectivement, il semble qu'il y ait eu de quoi se perdre, le journal estudiantin *Ons leven* décrit le pittoresque de cette situation qui voyait les étudiants partout sur les appuis de fenêtres, statues et pelouses et, égarés parmi eux, des professeurs en toge et autres dignitaires déroutés, dont certains ne parvinrent jamais à atteindre l'entrée, le cordon policier ayant été rompu par le tourbillon estudiantin[109]. Cependant, si les descriptions de l'exaltation du public sont multiples et variées, aucune analyse n'en est proposée. Quelle était la cause principale de l'enthousiasme : l'Europe, le catholicisme, la paix... ou la fête elle-même ?

Enfin, il convient d'aborder les titres qui reflètent les deux éléments centraux de la cérémonie : l'Europe et la chrétienté.

Au sujet de l'Europe, tantôt le journaliste insiste sur l'aspect européen *in globo* et sur l'importance de ce que d'aucuns appellent une « journée historique » pour son avenir[110], tantôt il pointe davantage l'action menée par les deux « prestigieux artisans de l'unité européenne »[111] et apportent ainsi un regard sur le passé des deux hommes.

---

[106] « Deux gloires au pavois... », *op. cit.*, p. 2.

[107] AKUL, VW, n° 11 704 : Lettre de Mgr Van Waeyenbergh à Th. Bogaerts, Louvain, 21 janvier 1958.

[108] *Het Volk* (édition du Brabant), 11 janvier 1958, p. 4.

[109] L. Dressen, « 2 nieuwe doctorates *honoris causa* », in *Ons leven. Studentenweekblad*, 21 janvier 1958, p. 4.

[110] À titre d'exemples : « Une cérémonie empreinte d'esprit européen », in *La Dernière Heure*, 11 janvier 1958, p. 3 ; « Een historische dag voor de toekomst van Europa » (Une journée historique pour l'avenir de l'Europe), in *De Standaard*, 11 janvier 1958, p. 1.

[111] *Vers l'Avenir*, 11 janvier 1958, p. 5.

Ce thème est, bien entendu, également privilégié dans la plupart des contenus d'articles, souvent en choisissant les morceaux de discours qui y font appel. Plus rares sont les périodiques qui apportent une réflexion propre, comme le fait Étienne de la Vallée Poussin dans la *Revue générale belge*. Il ne se contente pas de servir à son lecteur les détails pratiques de la cérémonie et quelques extraits choisis des allocutions, mais se concentre sur l'Europe et la lie intimement, comme la plupart des journaux catholiques à la chrétienté, l'un étant le ciment historique de l'autre. Il affirme ainsi que « c'est avec raison que les orateurs qui ont parlé à Louvain ont tous indiqué que l'œuvre du rapprochement des peuples avait été grandement facilitée par la foi commune qui animait les ministres au moment crucial du départ de la nouvelle Europe »[112].

Certains titres de gazettes mêlent d'ailleurs les deux notions. *Het Belang van Limburg* fait figurer sous le titre principal : « La providence a réuni des figures comme Adenauer, De Gasperi et Schuman dans l'Europe d'après-guerre »[113] et le journal hollandais *De Maasbode* titre notamment par « Louvain honore deux grands Européens chrétiens »[114].

Si les journaux catholiques sont déjà les plus prolixes au sujet de l'événement, ils le sont *a fortiori* sur les aspects chrétiens qui l'animent. Mais un élément a conquis une quasi-unanimité, la phrase du discours du Recteur, énoncée, probablement à dessein, en langue allemande : « Nous ne proférons pas la déclaration platonique : 'Nous oublions', car on n'efface pas des événements historiques portant des dates et restant des témoins du passé. Mais nous disons, dans un sentiment de réelle et profonde charité chrétienne : 'Nous aimons' ! ». Ayant marqué les consciences, la citation peut être trouvée dans le discours d'Adenauer, dans son discours aux radios Ouest-allemandes, dans presque chaque journal ou revue qui traite de l'événement avec plus ou moins de mise en valeur[115].

Si cet élément fait l'unanimité se pose maintenant la question des comparaisons idéologiques entre les différents comptes rendus proposés par les journaux. La plus évidente consiste sans conteste en l'opposition frontale entre communisme et christianisme dont il a été question *supra*. Pour le reste, l'étude des influences idéologiques n'est pas des plus aisée

---

[112] É. de la Vallée Poussin, « Un moment d'histoire européenne », in *Revue générale belge*, février 1958, p. 111.

[113] « De Voorzienigheid bracht Figuren als Adenauer, De Gasperi, en Schuman bijeen in naoorlogs Europa ». Cf. *Het Belang van Limburg*, 11 janvier 1958, p. 1.

[114] « Leuven eert twee grote christelijke europeanen ». Cf. *De Maasbode*, 11 janvier 1958, p. 1.

[115] La citation est encadrée dans *Het Belang van Limburg* en première page. *Het Belang van Limburg*, 11 janvier 1958, p. 1.

pour divers motifs. *Primo*, les journaux catholiques sont de loin les plus pourvoyeurs en échos de l'événement. *Secundo*, l'information est, la plupart du temps, factuelle et analogue, en raison de l'utilisation d'une prime source commune, les communiqués Belga. *Tertio*, au regard de la différence de taille des articles, une comparaison véritable est souvent hasardeuse.

Un biais permet, cependant, d'observer des modifications idéologiques d'un même contenu. Puisque divers journaux calquent, pour une bonne part, la même source, il est possible de scruter les adaptations opérées. Partant d'un même support et ne le modifiant que modiquement, les journaux vont-ils pouvoir marquer leur diversité doctrinale ? Pour répondre à cette interrogation, nous avons comparé, selon un mode triangulaire, les dépêches de l'agence de presse belge avec un journal catholique, *Vers l'Avenir*, et un quotidien libéral, la *Dernière Heure*. Ces deux périodiques ont été choisis, en outre de leur tendance, car ils proposent une même taille d'article, un ordre des sujets commun et de nombreux passages tout à fait identiques, ceux des communiqués Belga.

En pratiquant un « jeu des 7 erreurs », il est possible d'observer une série de différences, pour certaines d'ordre idéologique, sans qu'elles le soient toutes. Probablement, ces dernières relèvent-elles du souci de la rédaction de différencier quelque peu les versions, dans le simple dessein d'atténuer l'impression de pure transcription.

Si les trois textes ont des paragraphes entiers similaires, sinon identiques, une différence idéologique est néanmoins très nette, la *Dernière Heure*, et c'est dans la logique des choses, est expurgée quasiment de toute référence à la foi et à la religion, alors que le journal catholique conserve ces composantes.

Belga repris par *Vers l'Avenir* indique en référence au discours du Recteur qu'il « souligne que le Chancelier et M. Schuman ont trouvé tous les deux dans leur foi et dans leur charité chrétienne, la force 'décidée et inébranlable', de mener leurs pays vers l'entente et l'aide mutuelle »[116], cette phrase est strictement absente de la *Dernière Heure*. Pareillement, concernant le discours d'Eyskens, Belga et *Vers l'avenir* reprennent l'extrait suivant : « L'Université est fière de pouvoir rendre hommage à celui dont toute la vie et l'action politique sont éclairées par la lumière de la vérité et de la foi, à celui qui est un des grands animateurs de la renaissance spirituelle et politique de l'Europe occidentale »[117]. *A contrario*, le journal libéral y préfère un autre passage sans

---

[116] Bibliothèque royale de Belgique, Archives de l'Agence Belga, Communiqués de presse : rédaction française, volume 10-12 janvier 1958, 10 janvier 1958, Rédaction intérieure : 53.

[117] *Ibid.*, int 55.

connotation religieuse. Un même raisonnement peut être fait quand les deux hommes sont cités en relation avec De Gasperi, l'agence de presse et le quotidien catholique indiquent que « tous trois ont été inspirés par la doctrine chrétienne »[118], sans que cette précision soit reprise dans la *Dernière Heure*. Il en va encore ainsi dans d'autres cas. Seules deux références au christianisme sont visibles dans le journal libéral, mais il s'agit de cas quelque peu particuliers[119].

Par contre du côté socialiste, la récolte fut maigre, un écho dans *Volksgazet* est présent, mais se révèle tout à fait factuel et restreint, à peine est-il mentionné que ce sont des personnalités européennes[120]. Quant au journal neutre *Le Soir*, il n'y a rien de particulier à signaler sinon une moindre insistance sur l'aspect religieux de la solennité.

III. Conclusion

En conclusion, les organisateurs l'avaient compris, la ville de Louvain, mieux que toute autre, pouvait accueillir avec éclat et symbole une telle cérémonie. Deux fois martyre, elle avait, tout d'abord, des titres à faire valoir dans la tragique nomenclature des relations passées avec l'Allemagne. Adenauer, y faisant allusion *a posteriori*, signalait que dans son pays, entre les deux guerres mondiales, Louvain était réputée pour être l'Université la plus antigermanique dans le monde[121]. En outre de cette « qualité » relevant du contexte historique, l'Université pouvait ensuite se prévaloir d'être perçue par d'aucuns comme « le centre intellectuel du monde catholique »[122]. Enfin, elle était susceptible d'espérer la présence massive d'un public estudiantin lors de la cérémonie.

Les significations et symboles furent nombreux. Au-delà du message de paix et d'action européenne, ce fut, pour l'Université une grande cérémonie publique d'essence chrétienne. L'allocution du Recteur dépassa les gestes protocolaires et les discours verbeux de circonstance, pour mettre en exergue amour et charité. Si les horreurs du passé sont rappelées, ces réminiscences ne constituent pas le centre du dispositif. Le « pécheur » est pardonné, « Va et ne pèche plus », l'histoire est sublimée et son pendant, le futur, la « confiance en des temps meilleurs »[123], est placé sur l'avant-scène. Ces lendemains qui chantent sont

---

[118] *Ibid.*, int 56.

[119] Il s'agit de la phrase la plus reproduite du discours de Van Waeyenbergh et de l'opposition entre christianisme et matérialisme décrite par Adenauer.

[120] *Volksgazet*, 11 et 12 janvier 1958, p. 7.

[121] Voir *The Bulletin*, 21 janvier 1958, p. 3.

[122] AKUL, VW, n° 11 685, Lettre de O. De Raeymaeker à Mgr Van Waeyenbergh, 17 décembre 1956.

[123] Voir Discours de Mgr Van Waeyenbergh.

préfigurés par la construction européenne, la réconciliation franco-allemande qui allait quelques mois plus tard être sacralisée par la visite d'Adenauer à Colombey-les-deux-Églises dans la thébaïde du général de Gaulle. Politique et religion furent donc, sans en avoir l'air et tout en s'en défendant, mêlées. L'Europe et la foi furent unies pour une grande espérance commune : la paix. Cet avenir souriant fut, de plus, symbolisé à Louvain par l'enthousiasme estudiantin. La jeunesse, mieux que quiconque pouvait privilégier l'avenir sans s'appesantir sur les souvenirs horribles du passé. Sous les oriflammes claquant au vent, sous les sonneries étincelantes des trompettes thébaines, sous les hourras enthousiastes de la jeunesse estudiantine, la voix discrète, comme en filigrane, du pardon chrétien s'est fait entendre. C'était habile, mais plus encore, nécessaire.

TROISIÈME PARTIE

TABLE RONDE

Konrad Adenauer und die Verleihung der Ehrendoktorwürde der Katholischen Universität Löwen. Beginn eines neuen Kapitels der deutsch-belgischen Beziehungen

Corinna FRANZ

Geschäftsführerin der Stiftung Bundeskanzler Adenauer-Haus

An dem Freitag morgen des 10. Januar 1958, um 7.45 Uhr verließ Konrad Adenauer in einem dunklen Straßenanzug, wie ihn das Protokoll für diesen Tag vorsah[1], sein Rhöndorfer Wohnhaus.[2] Der Weg führte ihn nicht wie üblich zum Bonner Bundeskanzleramt, sondern zum Hauptbahnhof, wo abfahrbereit ein Sonderzug wartete. Ziel der Reise war Löwen; dort sollte der deutsche Bundeskanzler gemeinsam mit Robert Schuman die Ehrendoktorwürde der Katholischen Universität erhalten.

Für Adenauer war es bereits die 17. wissenschaftliche Auszeichnung; zwei Dutzend sollten es insgesamt werden.[3] Ebenso beeindruckend wie die Anzahl der internationalen Würdigungen fiel zu diesem Zeitpunkt bereits die politische Bilanz des Gründungskanzlers der Bundesrepublik Deutschland (1949–1963) aus. Unter den Augen der staunenden Welt vollzogen sich Wiederaufbau und Wirtschaftswunder; das junge Staatswesen entwickelte sich zur stabilen Demokratie und war als souveräner, geachteter Staat fest im westlichen Werte- und Bündnissystem verankert.

---

[1] Vgl. Programm, 9. Januar 1958, BA B136/4637.

[2] Zum Tagesverlauf vgl. Besucherlisten, 10. Januar 1958, StBKAH I 04.09.

[3] Die erste Ehrendoktorwürde als Bundeskanzler erhielt Adenauer 1951 von der juristischen Fakultät der Universität Maryland, USA. Es folgten zahlreiche weitere Titel in den USA und in Deutschland; aber auch aus Kanada, dem Iran, Japan und Brasilien kehrte Adenauer mit Ehrendoktorhüten zurück. Seine letzte Auszeichnung erhielt Adenauer als Altbundeskanzler bei seinem Israel-Besuch 1966 vom Weizmann-Institut in Rehovoth. Vgl. StBKAH Ehrendoktorwürden II 5–24.

Vor allem aber war die Bundesrepublik unter Adenauers Kanzlerschaft zum Motor der europäischen Einigung geworden.

Trotz dieser beachtlichen Leistungen läßt die Verleihung der Ehrendoktorwürde durch die Katholische Universität Löwen aufmerken. Kaum mehr als 10 Jahre waren seit dem Ende der nationalsozialistischen Diktatur, die Europa und die Welt mit einem verbrecherischen Krieg überzogen hatte, vergangen und die Erinnerungen noch lebendig. Zwei Mal hatten deutsche Truppen in der ersten Hälfte des 20. Jahrhunderts das neutrale Belgien überfallen, zwei Mal die weltberühmte Universitätsbibliothek Löwen in Flammen aufgehen lassen. Die Ehrung eines deutschen Politikers war mithin für beide Seiten ein durchaus mutiges Unterfangen. Für Adenauer war die akademische Auszeichnung durch die Universität Löwen die erste und einzige ihrer Art, die ihm im Nachkriegseuropa außerhalb Deutschlands zuteil wurde.

Im Folgenden gilt es, diesem Ereignis – mit Vorbereitung, Ablauf und Wirkung – aus Adenauers Perspektive nachzugehen. Dabei darf ein kurzer Einblick in Adenauers Biographie, seine europapolitischen Ideen und seine Verbindungen nach Belgien[4] nicht fehlen.

* *

*

Konrad Adenauer wurde stets als „Herr Dr Adenauer" tituliert. Dabei ersparte man sich die Präzisierung durch das „h.c.". Einen „echten" akademischen Titel auf Grundlage einer eigenen wissenschaftlichen Arbeit hat Adenauer allerdings nie erreicht, ihn aber auch nie – wie der Altbundeskanzler in einem späten Interview schmunzelnd bekannte – vermisst. Adenauer, 1876 in Köln geboren, stammte aus einfachen Verhältnissen.[5] Sein Vater, selbst ohne höhere Schulbildung, war mittlerer Beamter beim Kölner Oberlandesgericht und legte großen Wert darauf, dass seine drei Söhne das Abitur machten und studierten. Wie sein ältester Bruder entschied sich Konrad für das Studium der Rechtswissenschaften. Nach einem ersten guten Staatsexamen 1897 fiel die

---

[4]   Eine umfassende Beschäftigung mit dem Thema Adenauer und Belgien steht noch aus. Eine wichtige Grundlage dafür bietet der Aufsatz von Hans Peter Mensing, Konrad Adenauer und die Benelux-Staaten, in H. P. Mensing, *Aus Adenauers Nachlass. Beiträge zur Biographie und Politik des ersten Bundeskanzlers*, Köln 2007, S. 219–237 [Erstabdruck in Zentrum für Niederlande-Studien. Jahrbuch 15 (2004), S. 47–63].

[5]   Zur Biographie allgemein siehe die maßgebenden Arbeiten von H.-P. Schwarz, *Adenauer. Der Aufstieg: 1876–1952*, Stuttgart, 1986; Ders., *Adenauer. Der Staatsmann: 1952–1967*, Stuttgart, 1991 und H. Köhler, *Adenauer. Eine politische Biographie*, Frankfurt a.M., 1994. In französischer Sprache zuletzt S. Guillaume, *Konrad Adenauer*, Paris, 2008.

zweite Prüfung 1901 enttäuschend schlecht aus. Danach hieß es, so schnell wie möglich Geld zu verdienen, um den Eltern nicht länger auf der Tasche zu liegen und vor allem die materiellen Voraussetzungen zur Gründung einer eigenen Familie zu schaffen. Vertretungsstellen bei der Staatsanwaltschaft, als Rechtsanwalt sowie als Hilfsrichter gestatteten Adenauer 1904 die Hochzeit und ebneten 1906 den Weg zum Sprung auf die Stelle eines Beigeordneten der Stadt Köln; drei Jahre später, 1909, avancierte er zum Ersten Beigeordneten; 1917 schließlich, wählte ihn die Zentrumsfraktion zum Oberbürgermeister seiner Geburtsstadt.

Köln, im Westen des Deutschen Reichs an der Völkerstraße des Rheins gelegen, stand seit jeher – im Krieg wie auch im Frieden – in engen Beziehungen zu seinen westlichen Nachbarn und war fest in das europäische Handelsnetz eingebunden. Die geographische Lage und die traditionsreiche Geschichte seiner Heimatstadt prägten Adenauers politisches Denken nachhaltig. So war es Ziel des jungen Oberbürgermeisters, die vielfältigen Verbindungen zu den westlichen Nachbarn, die der Erste Weltkrieg zertrennt hatte, neu zu knüpfen. Köln sollte sich, so sein Wunsch, zu einer modernen Metropole der Rheinlande und einer handelspolitischen Drehscheibe entwickeln, vor allem aber „zum Mittelpunkt der Bestrebungen [werden], die nach Friedensschluß auf eine Wiederanknüpfung der kulturellen und wirtschaftlichen Lage mit unseren Nachbarländern hinzielen".[6] Adenauer lancierte seine Vorstellungen einer geistigen wie ökonomischen Brückenfunktion Kölns im Dezember 1917 beim Präsidenten des belgischen Elektrokonzerns Sofina, Dannie Heineman.[7] Der amerikanische Unternehmer deutsch-jüdischer Herkunft, mit dem Adenauer seit 1907 freundschaftlichen Umgang pflegte[8], war sowohl in den wirtschaftlichen als auch in den politischen Kreisen Belgiens bestens vernetzt und sollte die Gedanken des Kölner Oberbürgermeisters in Brüssel wirksam platzieren. Adenauer und Heineman blieben über alle Turbulenzen der Zeit hinweg bis zu Heinemans Tod 1962 im freundschaftlichen Dialog verbunden. In den zwanziger Jahren trieb beide die Zukunft Europas um. Während Heineman „son Europe de l'électricité" vor Augen hatte[9] und seine Europagedanken im Zu-

---

[6] Adenauer an Hamspohn, 11. Dezember 1917, in *Konrad Adenauer 1917–1933. Dokumente aus den Kölner Jahren*, hg. von G. Schulz, Köln 2007, S. 69.

[7] Vgl. ebd.

[8] Vgl. H.-P. Schwarz, „Dannie N. Heineman und Konrad Adenauer im Dialog (1907–1962)", in *Staat und Parteien. Festschrift für Rudolf Morsey zum 65. Geburtstag*, Berlin, 1992, S. 803–825 sowie H. Köhler, „Politik und Freundschaft. Konrad Adenauer und Dannie Heineman", in *Deutsche Freunde. Zwölf Doppelporträts*, hg. von Th. Karlauf, Berlin 1995, S. 349–377.

[9] G. Duchenne, *Esquisses d'une Europe nouvelle. L'européisme dans la Belgique de l'entre-deux-guerres (1913–1939)*, Bruxelles, 2008, S. 661.

sammenspiel von Wirtschaft und Politik auf Adenauers Einladung hin 1930 auch einem interessierten Kölner Publikum darlegte[10], entwickelte Adenauer in den Jahren der Weimarer Republik die Idee „einer organischen Verflechtung der französischen, belgischen und der deutschen Wirtschaft zur Sicherung eines dauernden Friedens".[11]

Wirtschaftliche Verbindungen erachtete Adenauer als die beste Friedenssicherung. Dabei sollte die 1924 errichtete Kölner Messe eine wichtige Funktion übernehmen, indem sie „die Wirtschaftsfäden mit den übrigen westeuropäischen Ländern von neuem anspinnen und fest und dauerhaft knüpfen" sollte.[12] Nicht weniger bedeutsam erschien Adenauer die Rolle der Kölner Universität. Zu einer seiner ersten Amtshandlungen als Oberbürgermeister hatte unmittelbar nach der Katastrophe des Ersten Weltkriegs 1919 die Wiedereröffnung der alten (städtischen) Universität gehört, die 1798 von den französischen Besatzern geschlossen worden war. Was die Messe für Wirtschaft und Handel war, sollte die *Alma Mater* Coloniensis für das Geistesleben bewirken. Die Kulturen der zerstrittenen Staaten wieder zu verbinden und so „das hohe Werk dauernder Völkerversöhnung und Völkergemeinschaft zum Heile Europas zu fördern", war eine der zentralen Aufgabe, die Adenauer ihr zuschrieb.[13] Für die Förderung, die der Oberbürgermeister seiner Universität in der Folgezeit angedeihen ließ, bedankten sich die Fakultäten mit der Verleihung von vier Ehrendoktorwürden an Konrad Adenauer.[14]

Adenauer verhalf Köln zu internationalem Flair, und dazu gehörte auch, dass sich der Oberbürgermeister seinerseits im Ausland zeigte. Das belgische Nachbarland war ihm von einem Besuch zu Beginn des 20. Jahrhunderts noch in vager Erinnerung; damals hatte das Seebad Knokke die junge Familie zum Sommerurlaub gelockt.[15] Nun reiste er in offizieller Mission, besuchte 1930 zunächst Lüttich und dann – in Begleitung seiner Frau – zwei Tage Antwerpen, wo er mit seinem katholischen Amtskollegen Frans Van Cauwelaert zusammentraf. Die

---

[10] Vgl. H.-P. Schwarz, *Heineman und Adenauer*, S. 815–818 und L. Ranieri, *Dannie Heineman. Un destin singulier, 1872–1962*, Bruxelles, 2005, S. 334.

[11] Grundsatzrede des 1. Vorsitzenden der Christlich-Demokratischen Union für die Britische Zone in der Aula der Kölner Universität, 24. März 1946, in H.-P. Schwarz (hg. Von), *Konrad Adenauer, Reden 1917–1967. Eine Auswahl*, Stuttgart, 1975, S. 82–106, hier S. 105.

[12] Rede Adenauers zur Eröffnung der ersten Kölner Messe, 11. Mai 1924, in *Adenauer 1917–1933*, S. 76–78, hier S. 77.

[13] Ansprache Adenauers aus Anlass der Eröffnungsfeierlichkeiten der Universität Köln bei dem Festakt im Gürzenich, 12. Juni 1919, in *Adenauer 1917–1933*, S. 72–75, hier S. 74.

[14] Vgl. StBKAH Ehrendoktorwürden II 1–4.

[15] Vgl. Postkarte, Privatbesitz. Ich danke Hans Peter Mensing für diesen Hinweis.

Reise in die flämische Hafen- und Handelsstadt unternahm Adenauer im Auto, um möglichst viel von Land und Leuten zu sehen.[16] Die Karriere des Kölner Oberbürgermeisters Konrad Adenauer endete abrupt 1933. Adenauer wurde von den Nationalsozialisten aus seinem Amt entlassen und aus Köln vertrieben.[17] An Leib und Leben bedroht, zog er sich ins Privatleben zurück. Insbesondere in den ersten Jahren des Dritten Reichs war Dannie Heineman von Brüssel aus eine große Hilfe; er hielt die Familie finanziell über Wasser, bis Adenauer die Auszahlung der ihm zustehenden Pension erwirken konnte und damit der größten Geldsorgen ledig war.[18] Trotz fortwährender polizeilicher Überwachung, zweier Verhaftungen und zahlreicher Schikanen überstand Adenauer das Dritte Reich körperlich unbeschadet. Dem Widerstand hatte er sich nicht angeschlossen, galt aber aufgrund seiner Entlassung und der Gradlinigkeit, mit der er sich den braunen Machthabern verweigerte, als Opfer des nationalsozialistischen Regimes. Dem politisch unbelasteten Adenauer eröffnete sich somit nach 1945 eine zweite politische Karriere, zunächst in der neu gegründeten christlich-demokratischen Partei, dann auch als Bundeskanzler.

* *

*

Bald nach dem Ende des Zweiten Weltkriegs und seinem kurzen Intermezzo als Kölner Oberbürgermeister – als der Adenauer von den Amerikanern im Mai 1945 offiziell ein- und von den Briten Anfang Oktober 1945 wieder abgesetzt worden war – bemühte sich Adenauer als frisch gekürter Vorsitzender der CDU in der britischen Zone von 1946 an um Verbindungen mit dem Ausland. Die politischen Kontakte der Zwischenkriegszeit sollten reaktiviert und damit die Isolation des besiegten, besetzten und geächteten Deutschland aufgebrochen werden. Im Austausch galt es, Informationen zu sammeln und Ideen zu lancieren, vor allem aber auch die neue, sich bildende politische Kraft der Christdemokratie zu bündeln. Dabei lag Adenauer die „Herstellung von Verbindungen zu Katholiken im Ausland, namentlich auch zu [...]

---

[16] Vgl. Adenauer an Heineman, 4. Oktober 1930, StBKAH Bestand Heineman sowie Schwarz, Adenauer. Der Aufstieg, S. 300.

[17] Zu Adenauer im Dritten Reich siehe R. Morsey, „Adenauer und der Nationalsozialismus", in *Konrad Adenauer. Oberbürgermeister von Köln. Festgabe der Stadt Köln zum 100. Geburtstag ihres Ehrenbürgers am 5. Januar 1976*, hg. von H. Stehkämper, Köln 1976, S. 447–497 sowie *Adenauer im Dritten Reich*, bearb. von H. P. Mensing, Berlin, 1991.

[18] Vgl. K. Adenauer, *Erinnerungen 1953–1955*, Stuttgart, 1966, S. 157. Kritisch dazu Köhler, Adenauer, S. 285–288.

belgischen Katholiken" besonders am Herzen.[19] Der Christdemokrat Van Cauwelaert, inzwischen Präsident der belgischen Abgeordneten-kammer, war der erste unter ihnen, den Adenauer nachdrücklich um einen „gegenseitigen Gedankenaustausch" bat.[20] Da politische Betäti-gung außerhalb der eigenen Besatzungszone strikt untersagt und an eine Fernreise erst gar nicht zu denken war, schlug Adenauer vor, die ver-trauliche Zusammenkunft in Köln oder Rhöndorf stattfinden zu lassen. Ob Van Cauwelaert dieser Einladung folgen konnte, ist nicht belegt.[21] Wohl aber gelang es in den darauffolgenden Jahren – trotz fortdauernder Reiseprobleme, die die britische Besatzungsmacht bereitete – die Kon-takte zur belgischen Schwesterpartei zu etablieren.[22] Über die bilaterale Ebene hinaus begegneten sich führende deutsche und belgische Christ-demokraten von 1947 an auch im Rahmen der vertraulichen Zusam-menkünfte des „Genfer Kreises" wie auch der öffentlichkeitswirksamen „Nouvelles Equipes Internationales" (NEI).[23] Adenauer traf auf diese Weise nicht nur Van Cauwelaert wieder, sondern lernte etwa auch Théo Lefèvre, Robert Houben, Auguste De Schryver und Désiré Lamalle kennen.[24] Privat ließ sich auch die durch den Zweiten Weltkrieg unter-brochene Verbindung mit Dannie Heineman wieder knüpfen.[25]

---

[19] Adenauer an Lütsches, 5. August 1946, in R. Morsey, H.-P. Schwarz, H.-P. Mensing (Hd von), *Adenauer, Briefe 1945–1947*, Berlin, 1983, S. 304.

[20] Vgl. H. P. Mensing, „Frühe Westdiplomatie und landespolitische Weichenstellung. Neue Quellenfunde zu den Nachkriegsaktivitäten Konrad Adenauers", in H. P. Mensing, *Aus Adenauers Nachlass. Beiträge zur Biographie und Politik des ersten Bundeskanzlers*, Köln, 2007, S. 13–30, hier S. 14–19 [Erstabdruck in: Ge-schichte im Westen, 1 (1986), S. 79–92].

[21] Vgl. Mensing, *Frühe Westdiplomatie*, S. 15.

[22] Vgl. Adenauer an General Bishop, 14. April und 18. August 1948, in R. Morsey, H. P Schwarz, H. P. Mensing (hg. Von), *Adenauer, Briefe 1947–1949*, Berlin, 1984, S. 204f. und 294f.

[23] Vgl. M. Gehler, „Begegnungsort des Kalten Krieges. Der ‚Genfer Kreis' und die geheimen Absprachen westeuropäischer Christdemokraten 1947–1955", in M. Gehler, W. Kaiser, H. Wohnout (hg. von), *Christdemokratie in Europa im 20. Jahrhundert*, Wien, 2001, S. 642–694 sowie W. Kaiser, „Deutschland exkulpieren und Europa aufbauen. Parteienkooperation der europäischen Christdemokraten in den Nouvelles Equipes Internationales 1947–1965", in *ebd.*, S. 695–719.

[24] Zu den belgischen Vertretern im Genfer Kreis vgl. B. Dörpinghaus, „Die Genfer Sitzungen – Erste Zusammenkünfte führender christlich-demokratischer Politiker im Nachkriegseuropa", in D. Blumenwitz u.a. (hg. Von), *Konrad Adenauer und seine Zeit. Politik und Persönlichkeit des ersten Bundeskanzlers. Beiträge von Weg- und Zeitgenossen*, Stuttgart, 1976, S. 538–565, hier S. 563 sowie Adenauer an General Bishop, 14. April 1948, in *Adenauer, Briefe 1947–1949*, S. 204. Vgl. auch Adenauer an Van Cauwelaert, 26. August 1948, in *Adenauer, Briefe 1947–1949*, S. 302f.

[25] Vgl. Adenauer an Heineman, 27. August 1948, in *Adenauer, Briefe 1947–1949*, S. 304.

Dabei war Adenauer die Kontaktaufnahme mit dem Ausland unmittelbar nach dem Krieg alles andere als leicht gefallen. „Ich weiß, was Deutschland an Ihrem Vaterlande getan hat", leitete er sein Schreiben an Van Cauwelaert ein, „und ich weiß auch, was Ihnen persönlich widerfahren ist".[26] Die Vergangenheit lastete schwer, auch wenn Adenauer nicht versäumte hinzuzufügen, dass auch er und seine Frau „wegen unseres Widerstandes schwer unter dem Nationalsozialismus haben leiden müssen".[27] Adenauers frühe Kontakte nach Belgien waren erste Schritte, wieder Vertrauen zu gewinnen. Dabei verstand es Adenauer, der zeitlebens ein glänzender Zuhörer war, den Empfindungen und Bedürfnissen des Nachbarn Rechnung zu tragen. Belgien, das zwei Mal von Deutschland mit Krieg überzogen worden war, brauchte, das war ihm klar, Sicherungen.[28] Nichts schien besser dazu geeignet zu sein als Adenauers alte Idee einer wirtschaftlichen Verflechtung.[29] Die Einigung Europas wurde fortan für Adenauer und Belgien zum gemeinsamen Leitmotiv und damit zu einer natürlichen Brücke, die die bilateralen Kontakte zunehmend in der Erörterung europäischer Fragen aufgehen ließ.

Ohnehin war der Katalog bilateraler Regelungsbedürfnisse trotz der lastenden Vergangenheit übersichtlich. Über belgisches Wohlwollen konnte Adenauer nicht klagen. Schon in der Hauptstadtfrage war es ihm hilfreich. Als frisch gekürter Präsident des Parlamentarischen Rates warb Adenauer bei Van Cauwelaert für Bonn als künftige Bundeshauptstadt; es galt, das rheinische Provinzstädtchen gegen Frankfurt durchzusetzen, und dies konnte nur gelingen, wenn sich Einvernehmen mit den in Bonn und Umgebung stationierten belgischen Besatzungstruppen herstellen ließ.[30] Einvernehmen zeichnete sich auch schon bald in der Grenzfrage ab. Hier verzichtete die belgische Regierung Mitte April 1949 auf eine volle Durchführung der geplanten Grenzkorrekturen. Adenauer schrieb Van Cauwelaert in diesem Punkt „einen wesentlichen

---

[26] H. P. Mensing, *Frühe Westdiplomatie*, S. 15.

[27] *Ebd.*

[28] Vgl. Konrad Adenauer. „Seid wach für die kommenden Jahre". A. Poppinga (hg. von), *Grundsätze, Erfahrungen, Einsichten*, Bergisch Gladbach, 1997, S. 118 und 282.

[29] Vgl. Adenauer an Weitz (Anlage), 31. Oktober 1945 und Adenauer an Elsaesser, 18. Februar 1947, in *Adenauer, Briefe 1945–1947*, S. 130 und 435 sowie Grundsatzrede des 1. Vorsitzenden der Christlich-Demokratischen Union für die Britische Zone in der Aula der Kölner Universität, 24. März 1946, in *Adenauer, Reden 1917–1967*, S. 105.

[30] Adenauer an Van Cauwelaert, 8. Oktober 1948, in *Adenauer, Briefe 1947–1949*, S. 318. Vgl. dazu sowie zu weiteren Fragen Mensing, Frühe Westdiplomatie, S. 17–19. Den Einflussmöglichkeiten auf politische Entscheidungen im Einzelnen nachzugehen, steht noch aus.

Anteil" zu und bedankte sich für den „klugen und maßvollen Standpunkt".[31] Angesichts der häufigen Kontakte jener Jahre kann es kaum verwundern, dass Van Cauwelaert am 24. Oktober 1949 einer der ersten ausländischen Gäste war, die Adenauer in seinem neuen Amt des Bundeskanzlers empfing.[32] Aber auch von Seiten der belgischen Sozialisten erhielt Adenauer Rückenwind; so unterstützte Paul-Henri Spaak öffentlich den bundesdeutschen Beitritt zum Europarat.[33] Diesen überzeugten Europäer und Mitstreiter im Werk der europäischen Einigung sollte Adenauer im Laufe der folgenden Jahre – sowohl politisch als auch persönlich – besonders schätzen lernen.[34]

Im Gegenzug zur belgischen Unterstützung war Adenauer seinerseits bei der Aufnahme konsularischer Beziehungen um Abstimmung in Personalfragen bemüht und bat „hinsichtlich der Auswahl der leitenden Personen" um Vorschläge.[35] In einer anderen Personalie trug Adenauer belgischen Bitten hingegen nicht Rechnung. Franz Thedieck sollte auf drängenden Wunsch von Minister Jakob Kaiser in der ersten Regierung Adenauer das Amt des Staatssekretärs für gesamtdeutsche Fragen übernehmen. Dagegen erhob sich in Belgien eine Pressekampagne, und auch belgische Politikerkreise rieten Adenauer mit dem Hinweis auf Thediecks Tätigkeit in der Militärverwaltung in Belgien und Nordfrankreich von 1940 und 1943 von einer solchen Berufung ab. Zwar nahm der Kanzler die belgischen Einwände ernst und widersetzte sich nicht zuletzt „im Hinblick auf die erstrebten guten Beziehungen zwischen der Bundesrepublik Deutschland und Belgien" über Monate hinweg der Ernennung Thediecks, lenkte aber schließlich im Sommer 1950 doch ein.[36]

* *

*

---

[31] Vgl. Adenauer an Van Cauwelaert, 3. Mai 1949, in *Adenauer, Briefe 1947–1949*, S. 449.

[32] Vgl. Adenauer an Van Cauwelaert, 20. Oktober 1949, StBKAH III 1, Bl. 149.

[33] Vgl. Konrad Adenauer, *Erinnerungen 1945–1953*, Stuttgart 1965, S. 339f.

[34] Vgl. Adenauer, Informationsgespräch mit Pressevertretern, 13. Dezember 1955, in R. Morsey, H.-P. Schwarz, H. J. Küsters (hg. von), *Adenauer, Teegespräche 1955–1958*, Berlin, 1986, S. 32 sowie K. Adenauer, *Erinnerungen 1955–1959*, Stuttgart, 1967, S. 297. Vgl. auch M. Dumoulin, *Spaak*, Bruxelles, 1999, S. 484.

[35] Vgl. Mensing, *Frühe Westdiplomatie*, S. 19.

[36] Adenauer an Kaiser, 9. Dezember 1949, in *Adenauer, Briefe 1949–1951*, Berlin, 1985, S. 143–145. Vgl. auch Kabinettssitzung vom 2. November 1949, in U. Enders, K. Reiser (bearb. von), *Die Kabinettsprotokolle der Bundesregierung*, Band 1: *1949*, Boppard, 1982, S. 168 und Kabinettssitzung vom 4. Juli 1950, in U. Enders, K. Reiser (bearb. von), *Die Kabinettsprotokolle der Bundesregierung*, Band 2: *1950*, Boppard, 1984, S. 506 sowie E. Kosthorst, J. Kaiser, *Bundesminister für gesamtdeutsche Fragen 1949–1957*, Stuttgart, 1972, S. 95–100.

Nach dem eindrucksvollen Sieg von CDU und CSU bei der Bundestagswahl im September 1953 begann Adenauer eine vielversprechende zweite Amtszeit. Da erreichte ihn um den Jahreswechsel 1953/54 eine Einladung aus Löwen. Omer De Raeymaeker, jüngerer aufstrebender Professor der Rechtswissenschaften an der dortigen Katholischen Universität und Vorsitzender des „Cercle de Relations Internationales des Étudiants Flamands", bemühte sich, internationale Redner nach Löwen zu holen und lud den Kanzler für das Frühjahr 1954 zu einem europapolitischen Vortrag ein.[37] Dazu versprach De Raeymaeker einen illustren Kreis der Zuhörer. Neben den Studenten der alten und ehrwürdigen Katholischen Universität sollten auch die in Brüssel akkreditierten Diplomaten, die Regierungsmitglieder, die Präsidenten von Abgeordnetenkammer und Senat sowie weitere ranghohe Persönlichkeiten eingeladen werden.

De Raeymaeker verstand es, seine Anfrage von gewichtigen Fürsprechern – Adenauers engem außenpolitischen Mitarbeiter Herbert Blankenhorn und dem deutschen Botschafter in Belgien Anton Pfeiffer – flankieren zu lassen. Der von Adenauer geschätzte Generalsekretär des Internationalen Bundes der Christlichen Gewerkschaften, August Vanistendael, überbrachte die Nachricht persönlich und erhielt prompt eine prinzipielle Zusage des Kanzlers.

Adenauers rechte Hand im Bundeskanzleramt, Staatssekretär Hans Globke, bestätigte seinerseits schriftlich die grundsätzliche Bereitschaft des Bundeskanzlers, ließ den Zeitpunkt allerdings offen. Erst müsse Adenauer einen Staatsbesuch bei der belgischen Regierung machen, „vorher kann der Herr Bundeskanzler begreiflicherweise nicht gut nach Belgien kommen", teilte er De Raeymaeker mit.[38]

De Raeymaeker ließ ein Jahr ins Land gehen, bevor er Anfang Februar 1955 einen erneuten Vorstoß unternahm.[39] Derweil hatte der große Anlauf zur Europäischen Einigung der Jahre 1950–1954 mit dem spektakulären Scheitern der Europäischen Verteidigungsgemeinschaft am 30. August 1954 einen schweren Rückschlag erlitten. In der Phase allgemeiner Ratlosigkeit vor und beginnender Neuorientierung hinter den Kulissen hatte De Raeymaeker den französischen Gründungsvater der Montanunion, Robert Schuman, für den 31. Januar 1955 zu einem Vortrag über die Möglichkeiten eines europäischen Neubeginns („les chances actuelles de l'Europe") gewinnen können. Daran sollte sich „à

---

[37] Vgl. De Raeymaeker an Adenauer, 9. Januar 1954, BA B136/4637.

[38] Globke an Vanistendael, 23. Januar 1954, BA B136/4637.

[39] Vgl. De Raeymaeker an Globke, 6. Februar 1955, BA B136/4637.

un moment décisif pour l'avenir de l'Allemagne et de l'Europe" nach De Raeymaekers Wunsch nun unmittelbar der Vortrag des Bundeskanzlers anschließen.[40] Zudem erschien dem Belgier die von Globke formulierte Vorbedingung mit dem Empfang Adenauers durch die belgische Regierung anlässlich der Brüsseler Konferenz vom August 1954 erfüllt. Doch weder die Unterstützung durch den inzwischen aus dem Amt geschiedenen Botschafter Pfeiffer[41] noch persönliche Vorsprache in Bonn wollten helfen. Der Terminplan des Kanzlers, so ließ man De Raeymaeker wissen, gebe für das ganze Jahr 1955 keine Hoffnung.[42] Auswärtiges Amt und Kanzleramt waren sich einig, dass ein Vortrag des Bundeskanzlers an der Katholischen Universität Löwen im Hinblick auf die belgische Regierung nicht opportun sei, solange „zwischen der Sozialistisch-Liberalen Regierungskoalition und der Christlich-Sozialen Opposition ein tiefgreifender Gegensatz besteht".[43] Zudem galt es aus amtlicher deutscher Sicht weiterhin, den ersten offiziellen Besuch des Kanzlers in Belgien abzuwarten; schließlich war Adenauer anlässlich der Brüsseler Konferenz lediglich in seiner Funktion als Außenminister und im Kreise seiner europäischen Amtskollegen in der belgischen Hauptstadt empfangen worden.

Am 24. und 25. September 1956 war es schließlich so weit. Zur Unterzeichnung eines Grenz- und Kulturabkommens reiste Adenauer in Begleitung von Außenminister Heinrich von Brentano nach Brüssel, wo er mit Außenminister Paul-Henri Spaak und Ministerpräsident Achille Van Acker zusammentraf, bevor ihn König Baudouin zur Audienz empfing.[44] Vor dem Hintergrund der Besetzung Belgiens durch deutsche Truppen in beiden Weltkriegen und der begangenen Verbrechen maß der durch und durch geschichtsbewußte Adenauer[45] diesem Besuch „besondere symbolische und außenpolitische Bedeutung" bei[46] und war erfreut über die „sehr gute Atmosphäre", die er sowohl auf offizieller politischer Ebene als auch in der belgischen Öffentlichkeit angetroffen

---

[40] De Raeymaeker an Globke, 6. Februar 1955, BA B136/4637.

[41] Vgl. auch Pfeiffer an Globke, 15. Februar 1955, BA B136/4637.

[42] Vgl. Vermerk vom 8. Juli 1955, BA B136/4637.

[43] Vgl. Vermerk vom 8. Juli 1955, BA B136/4637.

[44] Zum Staatsbesuch vgl. Besucherlisten, 24./25. September 1956, StBKAH I 04.07 sowie BA B136/3576 und 6234.

[45] Vgl. A. Poppinga, *Konrad Adenauer. Geschichtsverständnis, Weltanschauung und politische Praxis*, Stuttgart, 1975, S. 44–118.

[46] Adenauer vor dem CDU-Bundesvorstand, 20. September 1956, in G. Buchstab (bearb. von), *Adenauer. „Wir haben wirklich etwas geschaffen." Die Protokolle des CDU Bundesvorstands 1953–1957*, Düsseldorf, 1990, S. 1016.

hatte[47]; vor allen die freundliche Aufnahme [...] von dem Publikum auf der Straße" hatte ihn überrascht.[48] Damit schien ihm ein wichtiger Schritt zur guten Nachbarschaft getan. Zum Abschluss des offiziellen Besuchs hielt Adenauer vor den „Grandes Conférences Catholiques" in Brüssel einen öffentlichen Vortrag über die europäische Einigung, den sich De Raeymaeker sicherlich gerne nach Löwen gewünscht hätte.[49]

In der Universität Löwen war indessen ein anderer Plan gereift. Rektor Msgr. Honoré Van Waeyenbergh trug Adenauer in den ersten Tagen des Jahres 1957 die Ehrendoktorwürde der Fakultät für Wirtschafts- und Sozialwissenschaften an. Mit der höchsten ihr zustehenden wissenschaftlichen Ehrung für außerordentliche Verdienste sollte Adenauer in mehrfacher Hinsicht geehrt werden: als katholisches(!) Haupt einer Regierung, die „eine diktatorische Regierungsform überwinden konnte", als „namhafter Vorkämpfer für den europäischen Gedanken" und damit zugleich für seinen Einsatz zur Versöhnung der Völker und zum Erhalt des Friedens.[50]

Die Zusage aus Bonn folgte auf dem Fuße.[51] Doch auch jetzt bereitete die Terminfindung wieder Schwierigkeiten, zumal gemeinsam mit Adenauer auch Robert Schuman die Ehrendoktorwürde verliehen bekommen sollte. Eine Reihe von Terminen kamen nicht zustande, weil einer der beiden zu Ehrenden verhindert war. Bei Adenauer war einmal die Hochzeit seines jüngsten Sohnes Georg im Weg, zu der der Kanzler nach Schweden reiste[52]; dann sollte nach der Bundestagswahl vom September 1957, bei der CDU und CSU eindrucksvoll die absolute Mehrheit erringen konnten, die Regierungsbildung abgewartet werden.[53] Mitte November 1957 war es schließlich so weit, und der 10. Januar 1958 – 10 Tage nach dem Inkrafttreten der Römischen Verträge – stand

---

[47]   Vgl. Adenauer in der Kabinettssitzung vom 27. September 1956, in U. Hüllbüsch (bearb. von), *Die Kabinettsprotokolle der Bundesregierung, Band 9: 1956*, München, 1998, S. 603.

[48]   Adenauer an seinen Sohn Paul, 6. Oktober 1956, in H. P. Mensing (bearb. von), *Adenauer, Briefe 1955–1957*, Berlin, 1998, S. 243.

[49]   Vgl. Vermerk vom 20. Juli 1956, BA B136/6234 sowie Adenauer, *Erinnerungen 1955–1959*, S. 223f. Text der Rede vom 25. September 1956, in *Adenauer, Reden 1917–1967*, S. 327–332.

[50]   Van Waeyenbergh an Adenauer, 4. Januar 1957, BA B136/4637. Gerne hätte Van Waeyenbergh am 2. Januar 1957 den Bundeskanzler in Bonn persönlich unterrichtet, doch besuchte Adenauer an diesem Tag die „Grüne Woche" in Berlin. Vgl. Vermerk vom 2. Januar 1957, BA B136/4637.

[51]   Globke an Van Waeyenbergh, 11. Januar 1957, BA B136/4637.

[52]   Vgl. Globke an den Belgischen Botschafter Baron de Gruben, 5. August 1957, BA B136/4637.

[53]   Vgl. Globke an den Belgischen Botschafter Baron de Gruben, 7. Oktober 1957, BA B136/4637.

für die Verleihung der Ehrendoktorwürde an Konrad Adenauer und Robert Schuman fest.[54]

* *

*

Punkt 12.00 Uhr lief Adenauers Sonderzug aus Bonn im Bahnhof Löwen ein, wo Rektor Van Waeyenbergh, Bürgermeister [...] und Botschafter Ophüls den Ehrengast aus Deutschland begrüßten. Nach einem kurzen Empfang im Senatsaal und einem Rundgang durch die Universität war das Mittagessen im Château d'Arenberg vorgesehen. Anschließend war die übliche Ruhepause für den 82 jährigen Bundeskanzler eingeplant, bevor um 16.45 Uhr die eigentliche Feierstunde beginnen konnte. Der Zeitplan war knapp bemessen und sah bereits für 18.35 Uhr die Rückreise vor, so dass die Einladung des französischen Botschafters zu einem Abendessen abschlägig beschieden werden musste.[55]

Auch wenn die 1956 unterzeichneten Ausgleichsverträge bilaterale Streitpunkte aus dem Weg geräumt hatten und sich die deutsch-belgischen Beziehungen nicht nur in der Europapolitik gedeihlich entwickelten, blieb Adenauers Besuch in Löwen die Vergangenheit präsent. Der Bundeskanzler wußte um die unheilvolle Geschichte wie auch darum, dass ihm mit Van Waeyenbergh ein Rektor gegenüber saß, der 1940 dieses Amt übernommen hatte, im Ersten Weltkrieg verwundet und im Zweiten Weltkrieg längere Zeit von der SS inhaftiert worden war.[56] Um so größer waren Erstaunen und Freude darüber, mit welcher Begeisterung die Studenten und die belgische Öffentlichkeit Adenauer in Löwen feierten. Die örtliche Polizei hatte alle Hände voll zu tun, dem Bundeskanzler den Weg durch die Menge zu bahnen.[57] Adenauer kehrte „tief beeindruckt" aus Löwen zurück.[58] Besonders zu Herzen ging ihm, als Van Waeyenbergh in seiner Rede auf die Vergangenheit zu sprechen gekommen war und mit bewegter Stimme gesagt hatte: „Wir sagen nicht in platonischer Weise, wir vergessen; wir sagen in christlicher Caritas, wir lieben!" Adenauer griff diesen Satz wenige Tage später in seiner Rundfunkansprache vom 15. Januar 1958 mit der Bemerkung auf, er

---

[54] Vgl. Van Waeyenbergh an Globke, 16. November 1957 sowie Vermerk vom 28. November 1957, BA B136/4637.

[55] Vgl. Müller-Dethard an Auswärtiges Amt, 29. November 1957, BA B136/4637.

[56] Vgl. Aufzeichnung über Mitglieder der Universität, 9. Januar 1957, BA B136/4637.

[57] Vgl. Adenauer an Polizeikommissar François Chevaillier, 13. Januar 1958, BA B136/4637.

[58] Adenauer an Van Waeyenbergh, 13. Januar 1958, BA B136/4637.

habe „niemals ein ergreifenderes Bekenntnis zur Zukunft Europas gehört".[59] Aber auch die belgischen Gastgeber, nach Einschätzung des deutschen Botschafters „nicht leicht der Rührung zugänglich", zeigten sich „ergriffen".[60] Adenauer hatte es verstanden, mit seinen kurzen Dankesworten den richtigen Ton zu treffen und damit, wie Außenminister Victor Larock empfand, „den von alten Wunden verletzten Herzen die Besänftigung und die Seelenruhe zu bringen, ohne welche der Versuch die Freundschaftsbande, welche ehemals so tief unsere beiden Völker verbanden, wieder anzuknüpfen, eitel gewesen wäre".[61]

* *

*

Den Verbindungen zum Nachbarn Belgien hatte Adenauer in seinem politischen Denken früh schon die wichtige Funktion der Friedenssicherung zugeschrieben. Seine dienstlichen und privaten Kontakte nach Belgien griff Adenauer unmittelbar nach dem Zweiten Weltkrieg wieder auf. Fortan wurde die Einigung Europas zum gemeinsamen Leitmotiv. Somit steht das Verhältnis Adenauer und Belgien „insgesamt für ein vergleichsweise problemfreies [...] Kapitel der Biographie des ersten Bundeskanzlers".[62]

Adenauers Besuch in Löwen 1958 zeigt exemplarisch, wie es Adenauer wenige Jahre nach dem Ende des verheerenden Zweiten Weltkrieges verstand, Schritt für Schritt Vertrauen zu gewinnen und zum geschätzten Partner zu werden. Mit Bescheidenheit, Stetigkeit und Verläßlichkeit erschloss er sich zunächst die politischen Beziehungen. Bei den offiziellen Besuchen 1956 in Brüssel, vor allem aber 1958 in Löwen sprang der Funke des Vertrauens dann auch auf weite Kreise der Bevölkerung über. Im öffentlichen Auftreten fand Adenauer das richtige Maß und die treffenden Worte, der Vergangenheit Rechnung zu tragen, Gefühle zu würdigen, Bedürfnisse zu erkennen und gemeinsame Zukunftsperspektiven zu entwerfen. Mit dem begeisterten Empfang in Löwen war am 10. Januar 1958 ein neues Kapitel der deutsch-belgischen Beziehungen aufgeschlagen worden.

---

[59] Rundfunkansprache vom 15. Januar 1958, StBKAH I 02.17.

[60] Vgl. Ophüls an Adenauer, 11. Februar 1958, BA B136/4637. Auch Van Waeyenbergh bestätigte, „que la cérémonie se soit déroulée dans un enthousiasme, sans doute débordant, mais si général et si vivant". Van Waeyenbergh an Adenauer, 28. Januar 1958, BA B136/4637.

[61] Larock an Adenauer, 15. Januar 1958, BA B136/4637.

[62] Mensing, *Adenauer und Benelux*, S. 221. Mensing lässt dieses Urteil für alle Beneluxstaaten gelten.

Les relations belgo-allemandes

Hubert ROLAND

Chercheur qualifié FNRS – Professeur à l'UCL

L'enthousiasme débridé avec lequel le chancelier Adenauer fut accueilli par la jeunesse estudiantine louvaniste constitue un des aspects à la fois sympathiques et quelque peu étonnants du document d'archive qui vient de nous être projeté. Sans vouloir en exagérer la portée, il mériterait bien une note de bas de page dans une histoire culturelle des relations belgo-allemandes au XXe siècle, qui doit encore être écrite. Et cela d'autant plus que l'épisode se déroule dans cette ville frappée de manière particulièrement tragique au cours des deux occupations allemandes, non seulement au niveau des violences militaires et civiles, mais également sur le plan symbolique, à travers le double incendie de la bibliothèque universitaire.

Lorsque, voici une dizaine d'années, nous avons entrepris, avec entre autres les professeurs Ernst Leonardy et Michel Dumoulin, de baliser le champ de recherche belgo-allemand (dans un premier temps jusque 1940)[1], il avait fallu constater un retard impressionnant, en comparaison du travail déjà réalisé dans le domaine franco-allemand. Comme si la volonté politique mise en place dans les années d'après-guerre, afin d'ancrer délibérément la réconciliation dans la meilleure connaissance réciproque des spécificités de la culture de l'autre avait peut-être curieusement fait défaut entre nos deux pays, tandis qu'elle se mettait en place de manière exemplaire entre nos deux grands voisins. Nous savons désormais qu'une telle hypothèse conviendrait d'être sévèrement nuancée, sinon écartée. Tandis que nous poursuivons ce travail de longue haleine, notamment dans le cadre d'un groupe de contact FNRS et du projet « Ces chers voisins », en collaboration avec nos partenaires

---

[1] Voir E. Leonardy, H. Roland (dir.), *Die deutsch-belgischen Beziehungen im kulturellen und literarischen Bereich / Les relations culturelles et littéraires belgo-allemandes 1890-1940. Actes du colloque de Louvain-la-Neuve*, Frankfurt/M., Peter Lang, 1999.

belges et étrangers[2], nous restons attachés à dégager les spécificités des relations et transferts bilatéraux, même si ceux-ci ne prennent en réalité tout leur sens que dans un contexte « triangulaire » et même multilatéral.

Quoi qu'il en soit – les meilleurs observateurs et témoins de l'époque sont unanimes à ce propos – le traumatisme décisif de l'histoire belgo-allemande fut constitué par la rupture de la Première Guerre mondiale, qui, dans la politique mémorielle de commémoration, se confond d'ailleurs encore souvent avec celle du second conflit, dans un mouvement d'amalgame. Il est des raisons objectives à ce constat, essentiellement l'ampleur des massacres de civils au cours des premiers mois de l'occupation[3], suite à la fameuse controverse des « Francs-Tireurs ». Celle-ci demeura, cela dit en passant, bien longtemps un motif de querelle entre historiens belges et allemands et il fallut attendre, pour la régler, le tournant du siècle suivant grâce à une mise au point décisive par deux historiens... irlandais[4]. Au-delà des plaies de la population civile, on a également longtemps sous-estimé la dimension lourdement symbolique de la « trahison » allemande de 1914. Or on sait que, depuis les années de l'indépendance belge, les intellectuels de la nation avaient construit un puissant modèle d'identification lié au mythe de « l'entre-deux », d'une « âme belge », fusion de romanisme et de germanisme[5]. Si on y ajoute l'idéalisation de la culture allemande, du pays des *Dichter und Denker*, et son rayonnement intellectuel par le biais du prestige des universités – autant d'éléments qui avaient également cours en France après la défaite de 1870[6] – la chute n'en fut que plus brutale. Le modèle belge se retrouvant soudain amputé de sa composante germanique, le monde intellectuel plonge dans une crise identitaire dont personne ne

---

[2] Il serait trop fastidieux d'énumérer ici dans le détail les publications déjà parues et projets à venir. J'invite les personnes intéressées à me contacter directement pour ce faire (hubert.roland@uclouvain.be). Les principaux partenaires étrangers du projet « Ces chers voisins » sont les Universités de Paris IV-Sorbonne (Éric Bussière), Strasbourg (Sylvain Schirmann) et Cologne (Jürgen Elvert).

[3] Sophie de Schaepdrijver (*La Belgique et la Première Guerre mondiale*, Bruxelles, PIE-Peter Lang, 2004, p. 91) reprend le chiffre de 5500 civils belges tués en août et en septembre 1914.

[4] J. Horne, A. Kramer, *German "Atrocities" 1914 : A History of Denial*, New Haven – Londres, Yale University, 2001.

[5] Voir l'article de M. Dumoulin, « La Belgique entre la France et l'Allemagne », in E. Leonardy, H. Roland (dir.), *Die deutsch-belgischen Beziehungen im kulturellen und literarischen Bereich*, op. cit., p. 15 sq, de même que, bien entendu, la thèse de Marie-Thérèse Bitsch.

[6] Voir Cl. Digeon, *La crise allemande de la pensée française 1870-1914*, Paris, PUF, 1992. Il s'agit de la deuxième édition de la thèse soutenue en 1957 sous le titre « La question allemande dans la vie intellectuelle française, de l'avant-guerre à celle de 1914 ».

voulait, et dont il ne se remettra pas. Ceci explique peut-être pourquoi la poésie de propagande anti-allemande la plus agressive ne fut pas l'apanage des écrivains combattants, mais au contraire des aînés de la génération symboliste (Maurice Maeterlinck, Émile Verhaeren, Albert Giraud, etc.), eux-mêmes absents du front, mais mobilisés sur un autre plan.

Un proche collaborateur de Konrad Adenauer dans les années d'après-guerre était bien au fait de l'ensemble de ces réalités. L'histoire de la « mission Hausenstein » est connue des spécialistes[7]. Au moment de décider de la nomination d'un premier représentant officiel de la République fédérale allemande à Paris, le Chancelier tourna le dos aux professionnels de la diplomatie et son choix se porta sur l'écrivain et critique d'art Wilhelm Hausenstein (1882-1957), à la grande surprise de l'intéressé lui-même, qui s'apprêtait à retourner à ses projets d'ordre littéraire. Il s'est agi là du choix éclairé d'un intellectuel de format et de rigueur. Durant les longues années de « l'exil intérieur » sous le national-socialisme, Hausenstein avait été interdit de publication et exclu de la chambre des écrivains, car il s'était refusé à « retravailler » sa *Kunstgeschichte*, notamment à en exclure les artistes juifs[8]. Son nom n'était donc pas entaché. Spécialiste de culture française, il continua de traduire Baudelaire et Rimbaud, tout en vivant sous la menace de l'arrestation de son épouse Margot Lipper, Belge et Juive, qu'il avait rencontrée à Bruxelles pendant la première occupation et qui échappa par miracle à la déportation.

S'il convenait que, pour une fois, l'Allemagne reprenne une tradition française et confie un poste de représentation politique à un homme de lettres, Hausenstein estima qu'il ne pouvait se dérober. Les circonstances furent loin d'être faciles et les tensions nombreuses, notamment avec Walter Hallstein. Mais les bases d'un climat de confiance furent bel et bien jetées et on en mesure encore les acquis aujourd'hui, comme le projet récent d'un manuel d'histoire franco-allemand, rédigé conjointement par des historiens des deux pays, l'atteste[9]. Car si l'amitié franco-allemande demeure une valeur sûre de la construction européenne, c'est aussi grâce à la sensibilité que Hausenstein donna à sa mission « d'ordre psychologique ». Son idée de faire monter une exposition de tableaux

---

[7] Voir L. Blanc, *Wilhelm Hausenstein (1882-1957). Un médiateur culturel et politique entre la France et l'Allemagne*, Paris, Les Belles Lettres, 1997 et plus récemment la biographie de J. Werner, *Wilhelm Hausenstein. Ein Lebenslauf*, München, iudicium, 2005. Une société Wilhelm Hausenstein (www.wilhelm-hausenstein.de) organise périodiquement colloques et manifestations autour de la vie et de l'œuvre de l'auteur.

[8] J. Werner, *Wilhelm Hausenstein, op. cit.*, p. 117-118.

[9] *Histoire/Geschichte. L'Europe et le monde depuis 1945*, Paris, Éditions Nathan, 2006. Parution simultanée de l'ouvrage en allemand chez Klett.

d'impressionnistes français provenant des musées allemands à l'automne 1951 fut un grand succès. Mise sur pied de programmes d'échange entre lycées, mesures en faveur de la collaboration universitaire ou fondation d'un foyer pour étudiants allemands dans la « Cité Universitaire » en 1954, constituaient autant de démarches judicieuses destinées à briser la glace et à œuvrer à un avenir meilleur.

Le temps manqua certainement à Hausenstein pour se préoccuper de la situation de la Belgique, une sorte d'étrange seconde patrie, avec laquelle il entretenait un rapport empreint de tendresse, mais aussi de culpabilité, comme le rappelle à l'occasion sa fille Renée-Marie, réinstallée aujourd'hui à Hornberg (Forêt Noire) dans le village natal de son père. Car si celui-ci fit la connaissance de Margot en 1916 ou 1917, c'est parce qu'il faisait partie de l'administration civile allemande en Belgique occupée. Chargé de la rédaction de la revue *Der Belfried*, un solide outil de propagande culturelle, Hausenstein avait été un des artisans de la *Flamenpolitik*, dont le dessein était d'encourager les efforts d'autonomie du mouvement flamand, suivant la logique du *divide et impera*[10]. Dans une lettre du 27 juin 1926 au poète Rainer Maria Rilke, l'ami qui avait été témoin de leur mariage, il confessait ne pas avoir suivi Margot dans des vacances au Zoute à cause du sentiment de gêne « pour ainsi dire métaphysique » (*sozusagen metaphysisch*), à se rendre à nouveau dans un pays vis-à-vis duquel il portait une lourde responsabilité comme ancien occupant[11].

Au-delà du caractère anodin de l'anecdote, on songe au fait que Hausenstein n'aura pas eu l'occasion de dépasser ce sentiment de malaise par le biais de l'action politique, comme il le fit par rapport à la France. Une raison de plus qui nous inciterait à continuer à traiter de la « question allemande » et de ses lourdes conséquences en Belgique après 1918 dans nos domaines de la collaboration culturelle et intellectuelle.

---

[10] Concernant le volet culturel de la *Flamenpolitik*, je renvoie au chapitre 6 de mon ouvrage *La « colonie » littéraire allemande en Belgique 1914-1918*, Bruxelles, Labor/Archives et Musée de la Littérature, 2003, p. 125-152.

[11] Voir W. Hausenstein, *Ausgewählte Briefe 1904-1957*, Oldenburg, Igel Verlag, 1999, p. 85-86. Hausenstein fait le récit du songe suivant à Rilke : voulant rendre visite à Margot, il se trouve sur un quai imaginaire et lit le panneau du quai qui indique « Le Zoute ». S'approchant de celui-ci, il se sent toutefois emprunté dans son pas, dans son corps et lit à présent « Zut ! » et à côté, en allemand, « Halt ! ».

Robert Schuman, Konrad Adenauer et Alcide De Gasperi

Nadège MOUGEL

Directrice de la Maison Robert Schuman

Lorsque les organisateurs de la manifestation nous ont invitée à cette table ronde et à commémorer le 50ᵉ anniversaire de la distinction faite à Robert Schuman par l'Université catholique de Louvain, nous nous sommes appliquée à mener des recherches de fond dans les papiers de l'ancien président du Conseil, ministre et membre de l'Assemblée nationale française, pour y trouver trace de la cérémonie du 10 janvier 1958.

Une décoration, un diplôme, quelques photographies et un article de presse plus tard, nous tombions sur le document qui allait constituer le fil conducteur de notre étude, à savoir l'allocution prononcée par Robert Schuman, précisément dans la grande *Aula* du collège Marie-Thérèse de l'Université catholique de Louvain, il y a 50 ans.

À la date du 10 janvier 1958, Robert Schuman préside le Mouvement Européen International depuis 1955, député de la circonscription de Thionville Est, il est bientôt élu premier président de l'Assemblée Parlementaire européenne en mars de la même année.

Dans son discours du 10 janvier 1958[1], Robert Schuman évoque « l'entente de trois cœurs et de trois esprits venus de nations différentes et plus d'une fois opposées » et il insiste sur « la grande idée de charité chrétienne qu'est l'Europe unie ».

À travers notre étude, nous vous proposons donc un voyage aux racines de l'Union européenne, mené à la lumière du parcours humain et de l'engagement politique de trois grandes personnalités que l'on peut considérer aujourd'hui comme les Pères de l'Europe : Robert Schuman, Konrad Adenauer et Alcide De Gasperi, en insistant, peut-être, sur les liens entre Robert Schuman et Konrad Adenauer.

---

[1]   Voir la reproduction des discours dans les annexes de ce volume.

Il s'agira de comprendre, dans un premier temps, comment l'Europe a pu se construire entre nations voisines, aux lendemains de conflits meurtriers, grâce à trois grandes figures emblématiques, partageant des aspirations communes.

Puis, il sera intéressant de rappeler quelles ont été les valeurs à l'origine de la construction européenne, conduites par le rêve d'une Europe unie et plongeant leurs racines dans la démocratie chrétienne.

I. Des Hommes aux parcours communs

La maison de Robert Schuman, site du Conseil général de la Moselle, a organisé les 10, 11 et 12 octobre 2007, un colloque international sur le thème de « Robert Schuman et les Pères de l'Europe : cultures politiques et années de formation »[2].

Ce colloque a permis de mettre en évidence le rôle des origines, des formations (intellectuelles ou spirituelles), des entourages (familiaux ou associatifs) et des engagements en faveur de l'Europe de ceux qui en posèrent les premières pierres. Il a aussi permis de comprendre comment l'engagement européen des Pères de l'Europe avait pu être déterminé par des apports antérieurs à leurs actions en faveur de cette cause.

Enfin, il a apporté un éclairage nouveau sur la construction européenne, tout en proposant de nouvelles perspectives de recherches.

Nous empruntons donc ici différents éléments aux interventions relatives à Konrad Adenauer, Alcide De Gasperi et Robert Schuman.

L'engagement européen de ces hommes puise, vraisemblablement, sa raison d'être dans différents éléments moteurs, constitutifs de leur sensibilité particulière aux questions supranationales.

D'abord, Konrad Adenauer (1876-1967), Alcide De Gasperi (1881-1954) et Robert Schuman (1886-1963) appartiennent à la même génération – De Gasperi a cinq ans de plus que Schuman qui, lui, en a dix de moins qu'Adenauer.

Ils ont tous les trois traversé deux guerres mondiales et ont connu pendant la seconde la captivité ou la prison.

Élément essentiel, ce sont des hommes de la frontière, attachés à la terre de leurs ancêtres, à leur province d'origine et à leurs traditions, qui n'ont, toutefois, jamais succombé aux rêves sentimentaux et aux illusions des petits mouvements indépendantistes régionaux.

---

[2] Voir S. Schirmann (dir.), *Robert Schuman et les Pères de l'Europe, Cultures politiques et années de formation, Actes du colloque de Metz du 10 au 12 octobre 2007 organisé par la Maison de Robert Schuman et le Réseau des Maisons des Pères de l'Europe*, Bruxelles, PIE Peter Lang, 2008, 361 p.

Enfin, le fait qu'ils aient parlé la même langue, l'allemand, a certainement été un élément déterminant.

Dès le début de la construction européenne, Alcide De Gasperi, Robert Schuman et Konrad Adenauer se rencontrent régulièrement et vivent ensemble ses premières grandes étapes.

De succès en défaites, naît entre eux, une entente, une solidarité et une estime profonde. Dans l'hommage rendu à Robert Schuman par Konrad Adenauer à l'occasion de ses obsèques, celui-ci qualifie leur première rencontre en ces termes : « En août 1949[3], à une époque difficile pour nos deux pays, j'ai rencontré pour la première fois Robert Schuman. Cette rencontre était le début d'une amitié personnelle, qui nous a intimement liés et qui reposait sur l'entière similitude de nos idées ».

En réalité, les parcours de ces deux hommes ont convergé parce qu'ils étaient enracinés dans une expérience commune que nous allons essayer de détailler.

D'abord, ces hommes ont été confrontés à une même expérience, celle de deux guerres mondiales. Si Robert Schuman et Konrad Adenauer (comme Alcide De Gasperi) ne participent pas directement aux combats de la Première Guerre mondiale (placés dans des unités non combattantes ou encore reformés pour raisons de santé) par contre, la Deuxième Guerre mondiale est vécue par chacun d'eux, beaucoup plus durement à la manière d'une crise identitaire.

Dès 1933, Konrad Adenauer est rapidement obligé de renoncer à ses fonctions de maire de Cologne. Il est ensuite arrêté car considéré comme un opposant. Il développe un réflexe qui sera celui de Schuman, quelques années plus tard : il va rechercher dans les monastères, en particulier celui de Maria Laach[4], des asiles lorsque la pression de la Gestapo se fait trop sentir. Il y médite sur les grands textes chrétiens comme Schuman en profitera, pendant sa clandestinité, pour se plonger dans la lecture de saint Thomas d'Aquin.

---

[3] En août 1949, Robert Schuman est ministre des Affaires étrangères (1948-1953) en France et Konrad Adenauer est à la tête de la CDU, dans la zone britannique. Konrad Adenauer préside le conseil parlementaire chargé d'élaborer la nouvelle constitution de l'Allemagne de l'ouest. En août 1949, les législatives en Allemagne ont, en effet, vu la CDU l'emporter sur les sociaux-démocrates du SPD. Lorsque Schuman et Adenauer se rencontrent, le contexte est tendu entre la France et l'Allemagne et les tensions se cristallisent à propos du projet d'Allemagne occidentale.

[4] Fondée en 1093, cette abbaye bénédictine, située en Rhénanie, est très engagée dans le renouveau liturgique et le catholicisme social allemand. Willibrord Benzler, évêque de Metz entre 1901 et 1919 et ami de Robert Schuman depuis 1912, en fut nommé abbé en 1893.

Premier parlementaire français à être emprisonné par les nazis, Robert Schuman est placé à l'isolement en prison de Metz dès septembre 1940. En avril 1941, il est placé en résidence surveillée à Neustadt-an-der-Weinstrasse dans le Palatinat. Évadé en août 1942, il gagne la zone libre avant d'entrer dans la clandestinité. Il se réfugie alors de monastères en monastères et entame un temps de prière.

En tant que président du groupe parlementaire du Parti Populaire Italien, Alcide De Gasperi doit affronter la montée du parti fasciste. En 1926, son parti est dissout et sa participation au mouvement de l'Aventin[5] le conduit en prison. Il transforme, aussi, ce temps d'épreuves en temps d'étude et de prière. Condamné à quatre ans de prison, il est finalement libéré au bout de seize mois sur intervention de l'Église, mais passera quinze années de retraite forcée de la vie politique comme employé à la bibliothèque vaticane.

Ces hommes ont toujours eu conscience que l'instabilité des frontières pouvait mener à des déchirements douloureux mais, aussi, que leur perméabilité favorisait les échanges et les contacts.

Robert Schuman est né en 1886 dans une famille mosellane de la frontière franco-germano-luxembourgeoise. Son père, Mosellan, originaire du village d'Évrange, s'installe au Luxembourg après la défaite française de 1870 et l'annexion de sa province au *Reich* allemand. Il n'opte pas pour la France et devient citoyen allemand résidant à l'étranger. La mère de Robert Schuman est, quant à elle, luxembourgeoise de naissance. Le jeune Schuman a donc trois patries d'origine, distantes de quelques dizaines de kilomètres, mais juridiquement, il ne peut choisir qu'entre le Luxembourg et l'Allemagne.

Né citoyen allemand, il est indiscutablement de formation et de culture germaniques. Sur le plan linguistique, il est germanophone. Les parlers mosellans et luxembourgeois de ses parents lui ouvrent les portes de la culture germanique, mais à la manière critique de ces populations aux marges du *Reich*, blessées par le pangermanisme montant de l'ère wilhelmienne. Après des études secondaires à Luxembourg, il passe son *Abitur* à Metz en Alsace-Lorraine allemande, afin de bénéficier de l'entrée dans le système universitaire du *Reich*. De 1904 à 1912, il fréquente les universités allemandes notamment celles de Strasbourg et Berlin, avant d'ouvrir un cabinet d'avocat en 1912, à Metz.

Notons que le parcours universitaire de Robert Schuman est presque similaire à celui de Konrad Adenauer.

---

[5] En 1924, l'assassinat du député socialiste G. Matteoti par des sicaires fascistes met le régime de Mussolini en crise : les députés d'opposition refusent de siéger et se retirent sur l'Aventin, une des sept collines de Rome. Mais les opposants ne parviennent pas à s'unir. Certains opposants sont jetés en prison et leurs journaux suspendus.

Après 1918, Robert Schuman fait le choix de la France et œuvre, en tant que député mosellan à l'Assemblée Nationale[6], pour que la réintégration de l'Alsace-Lorraine dans l'ensemble français, se fasse sans perte de son statut local. Comme chez le Lorrain Schuman, qui rejette la centralisation idéologique que pourrait incarner le pouvoir parisien, on trouve chez Adenauer le Rhénan, cette méfiance instinctive vis-à-vis de tout ce qui vient de Berlin, de tout ce qui est prussien.

Pour revenir à Alcide De Gasperi, né en 1881, autrichien dans la province de Trente, région italophone faisant partie, avant la Première Guerre mondiale, de l'Empire austro-hongrois, il est élu en 1911 député de Trente au Parlement de Vienne. Il représente ainsi une minorité dans un vaste ensemble multinational et multiculturel. Ni partisan de l'Autriche, ni de l'irrédentisme[7], il se définit alors comme une « conscience nationale positive » liée à « la petite patrie ». Après la Première Guerre mondiale, qui a durement marqué sa province, il est élu député mais, cette fois, au Parlement italien, après le rattachement du Trentin à l'Italie. En 1919, Alcide De Gasperi, devenu italien, rejoint donc Rome pour demander aux parlementaires italiens de maintenir l'autonomie dont le Trentin avait joui sous la domination autrichienne. En cela, le parcours de De Gasperi s'apparente encore à celui de Robert Schuman et à son attachement au particularisme lorrain mosellan.

Quant à l'engagement de ces hommes en faveur de l'Europe, il est certain que De Gasperi[8] adhère immédiatement à l'appel de Robert Schuman et collabore étroitement avec ce dernier et Konrad Adenauer. C'est donc en puisant dans leurs héritages, expériences et (nous le verrons) convictions religieuses partagées, que ces trois hommes ont lancé ensemble ce mouvement de construction d'une Europe pacifiée et démocratique.

II. Une Europe, démocrate-chrétienne

Robert Schuman, Konrad Adenauer et Alcide De Gasperi sont des croyants convaincus et des chrétiens pratiquants qui entendent donner une signification chrétienne à leur engagement politique.

---

[6] À l'Assemblée Nationale, Robert Schuman a fourni un travail acharné au sein de différentes commissions notamment la commission d'Alsace-Lorraine où il réalisa un énorme travail législatif (introduction de la législation française, organisation administrative, statut confessionnel des écoles, défense du concordat et du statut local, etc.).

[7] Doctrine politique énoncée en 1870 par les nationalistes italiens qui revendiquaient l'annexion de l'ensemble des territoires de langue italienne ou supposés tels.

[8] De Gasperi a ainsi contribué à la création de la CECA dont il présida l'assemblée en mai 1954, succédant ainsi au Belge Paul Henri Spaak.

Ils partagent l'appartenance à la famille politique démocrate-chrétienne.

Pour Robert Schuman, l'Europe est gardienne de la démocratie, d'une démocratie à laquelle le christianisme a donné un sens et des valeurs comme l'égalité de nature de tous les hommes ou encore l'ouverture aux autres civilisations. Son engagement européen est indissociable de son engagement de chrétien et il y voit l'occasion d'œuvrer pour la paix et la réconciliation entre les peuples. Robert Schuman est, d'abord, un catholique fervent porté par son éducation familiale. Au sein d'une région de pratique religieuse soutenue, il bénéficie de l'effort d'organisation étonnant du catholicisme allemand des années 1870-1900. En effet, le *Kulturkampf* bismarckien (1871-1881) qui cherche à mettre au pas les catholiques allemands et le statut de minorité annexée imposé à l'Alsace-Lorraine[9] incitent les catholiques lorrains à s'engager rapidement dans un double mouvement de regroupement, à la fois politique (le *Zentrum* fondé en 1870) et associatif (*Verein Katholizmus* de 1890).

Dans les universités allemandes, Robert Schuman fait partie de la corporation étudiante la plus modérée, l'*Unitas*, celle des séminaristes et des étudiants en théologie. Ses sympathies vont au *Zentrum*. Spirituellement, il est proche de la piété de saint François d'Assise. Après le décès de sa mère en 1911, il songe même fortement à la prêtrise. Il va, finalement, rester toute sa vie célibataire, vivant à la manière d'un moine séculier. Chez Robert Schuman, il y a un socle très solide de foi chrétienne traditionnelle : une foi chrétienne sans faille, une pratique religieuse catholique bien suivie et un attachement à l'enseignement de l'Église et des papes.

Pourtant, il est en phase avec les aspects les plus modernes du renouveau qui touche l'Église au début du XXe siècle : renouveau doctrinal avec la redécouverte du thomisme[10], renouveau liturgique et début d'élaboration d'un corpus doctrinal sur les problèmes sociaux. Tous ces aspects étant facilement décelables dans les idées et encycliques des deux papes Léon XIII et Pie X, plus visibles en Allemagne qu'en France.

---

[9] L'Alsace-Lorraine annexée devient une Province (*Reichsland*), dirigée par un préfet (*Statthalter)* et non un État *(Staat)* avec un gouvernement et un parlement comme la Bavière par exemple.

[10] Le thomisme est un courant philosophique, ouvert sur une théologie faisant référence à saint Thomas d'Aquin, consistant principalement en un réalisme philosophique.

Ecclésialement, Robert Schuman est donc plutôt porté vers les vertus de la charité et de la doctrine sociale de l'Église, matérialisées par l'encyclique *Rerum Novarum*[11].

Dans ses actions politiques au quotidien, sa spiritualité s'imprègne donc des idéaux de la démocratie chrétienne.

Robert Schuman est, aussi, sensible au courant philosophique catholique incarné par Jacques Maritain. Il est, de même, en accord avec le courant social du christianisme à la façon d'un Marc Sangnier[12]. Il est, enfin, attaché à une démarche philosophique comme celle de Maurice Blondel, le penseur religieux qui cherche à réconcilier foi et raison, à trouver dans les actions et le vécu, une philosophie chrétienne de l'engagement.

D'ailleurs, Étienne Borne[13], un des maîtres à penser de la démocratie chrétienne, ne rend-il pas hommage à Robert Schuman, en le désignant comme « un chrétien engagé en politique », avec une vision spiritualiste de son action, « entré en politique comme on entre en religion » ? Ainsi, pour Robert Schuman, « faire l'Europe », c'est avant tout réconcilier des peuples dont l'origine est commune, à savoir chrétienne. Si Robert Schuman ne fait jamais de l'opinion religieuse de ses partenaires politiques un critère de discrimination politique, en revanche, il pense que tous, croyants ou non, Allemands ou Français, ont intérêt à se souvenir de leurs racines chrétiennes communes et de l'esprit de paix qu'elles impliquent.

Dans ce sens, on peut affirmer que Konrad Adenauer et Robert Schuman se sont enracinés dans un catholicisme commun, celui de Ludwig Windthorst, le fondateur du *Zentrum*, parti catholique né en même temps que le *Reich* bismarckien pour s'opposer au *Kulturkampf*. Pour Robert Schuman et Konrad Adenauer, Windthorst est le modèle.

---

[11] *Des choses nouvelles*, encyclique écrite par le pape Léon XIII, publiée le 15 mai 1891. Texte inaugural de la doctrine sociale de l'Église catholique, cette encyclique, écrite face à la montée de la question sociale, s'inspire des réflexions et actions des chrétiens sociaux. Elle condamne la misère et la pauvreté qui pèsent sur la majeure partie de la classe ouvrière tout autant que le socialisme athée. Elle encourage, de ce fait, le syndicalisme chrétien et le catholicisme social.

[12] Marc Sangnier (1873-1950) est un journaliste et homme politique français, il a occupé une place importante dans le mouvement d'Éducation populaire à travers les revues et mouvements qu'il a animés. Encore jeune étudiant en 1894, il anime un journal philosophique, *Le Sillon*, journal du mouvement pour un christianisme démocratique et social. Il en fait un lieu de réflexion politique, dans l'esprit du ralliement des catholiques au régime républicain prôné par le pape Léon XIII.

[13] Étienne Borne (1907-1993) est un philosophe et journaliste français du courant démocrate-chrétien. Il s'inscrit dans le sillage du christianisme social de Marc Sangnier.

Juriste et parlementaire, il a ancré tout son combat dans l'idée que la cause des catholiques en Allemagne après 1871 était inséparable de la défense des libertés régionales face au pouvoir central. Windthorst a donc structuré un parti politique incarnant un équilibre subtil entre la défense du catholicisme, celle des libertés et l'adhésion nationale.

Schuman, qui fréquente les *Katholikentage*, rassemblements nationaux des catholiques allemands avant la Première Guerre mondiale, est très vite sensibilisé à la pensée de Windhorst, celui-ci ayant permis que toutes les initiatives du catholicisme social allemand, développées depuis le milieu du XIXe siècle sous l'impulsion de Mgr von Ketteler, trouvent un relais politique.

Si l'on se souvient des relations difficiles entre les catholiques rhénans (auxquels Konrad Adenauer appartient) et le pouvoir berlinois, aussi bien vers 1840 que sous Bismarck, on peut établir une comparaison avec le combat mené par Robert Schuman dans les années 1920 pour préserver les droits des catholiques lorrains et un rapport spécifique entre l'Église et l'État après la réintégration de l'Alsace-Lorraine à la République française.

Pourtant, Robert Schuman et Konrad Adenauer, qui ont plaidé pour leur *Heimat* et qui ont pris la tête d'un mouvement européen de réconciliation, ont en même temps fait preuve d'un attachement réel et même profond à la nation politique à laquelle ils appartenaient. La raison de cet équilibre est à rechercher dans leur catholicisme, dans un catholicisme où les nations n'ont jamais été l'occasion d'un discours théologique achevé, mais ont toujours été mises en valeur comme des réalités essentielles à l'accomplissement de l'homme.

Enfin, l'engagement européen de De Gasperi trouve aussi sa source dans la foi profonde qui l'habite et les valeurs qui le guident. Chrétien engagé, sa vision de l'Europe est simple. L'objectif absolu est la paix, la paix intérieure de l'Europe. L'Europe qui doit détruire les germes de conflit et de désagrégation qui existent en elle. Alcide De Gasperi est convaincu de l'existence d'une tendance à l'unité européenne, une unité qui, selon lui, est réalisée dans ses éléments spirituels, mais qui reste à faire dans ses éléments matériels. Sa finalité de la construction européenne n'est donc pas d'ordre économique. Elle répond à une aspiration beaucoup plus haute, qu'Alcide De Gasperi tire notamment de l'enseignement fraternel, social et unitaire du christianisme.

La construction communautaire a pour objectif la recherche de la paix, de la solidarité et de la fraternité entre les peuples.

D'ailleurs, pour un catholique italien comme Alcide De Gasperi, membre de la démocratie-chrétienne, soucieux, lui aussi, de promouvoir le catholicisme social issu de l'encyclique *Rerum Novarum* de

Léon XIII, le rapport avec un représentant du *Zentrum* allemand comme Konrad Adenauer est un rapport de cousinage. La même chose vaut pour Schuman car en France, les « chrétiens en politique » sont, eux aussi, les fils du *Zentrum*.

En fait, Alcide De Gasperi, Konrad Adenauer et Robert Schuman savaient donc d'avance, en se rencontrant, les connaissances, les expériences, les valeurs que chacun d'eux avait intériorisées et sur lesquelles ils n'avaient pas besoin d'échanger leurs idées parce que chacun d'eux savait parfaitement qu'elles étaient les idées de l'autre.

Au terme de cette analyse, on peut donc avancer que la naissance de l'Europe est due à la rencontre heureuse d'hommes provenant de pays et d'horizons différents, partageant certains éléments moteurs et surtout ayant un rêve commun : celui de réaliser l'Europe à l'intérieur d'institutions et de procédures supranationales.

Certains ont dénoncé, à l'époque des prémices, l'avènement « d'une Europe noire » portée sur les fonds baptismaux par le Vatican, dissimulé derrière ses fidèles serviteurs en politique.

On sait aujourd'hui qu'il n'en a rien été. Certes, le Vatican de la fin des années 1940 et des années 1950 défendait l'idée européenne en tant que rempart de la civilisation contre le communisme. Mais, somme toute assez floue, cette position ne prescrivait aucune formule institutionnelle précise.

ANNEXES

Promotion solennelle au doctorat *honoris causa* de leurs Excellences M. Konrad Adenauer et M. Robert Schuman, le 10 janvier 1958

Les textes reproduits ci-dessous ont été publiés une première fois sous la forme de brochures (l'une en français, l'autre néerlandais) puis dans l'Annuaire de l'Université. Les discours ont été prononcés alternativement en français, en néerlandais, en allemand et en latin. Pour plus de clarté, nous ne reproduisons ici que la version française non sans signaler la langue originelle des passages traduits.

LES SOLENNITÉS EURENT LIEU À LOUVAIN, LE VENDREDI 10 JANVIER 1958. Son Excellence M. le Chancellier Konrad Adenauer, venant de Bonn en train spécial, arriva en gare de Louvain à 12h10. À sa descente du train, il fut accueilli par Son Excellence Mgr H. Van Waeyenbergh, Recteur Magnifique de l'Université, M. Ophüls, Ambassadeur de la République Fédérale d'Allemagne à Bruxelles, M. F. Tielemans, Bourgmestre de la ville de Louvain, l'Écuyer L. van der Essen, Secrétaire Général de l'Université, et M. le Professeur P. de Bie, Doyen de la Faculté des Sciences Économiques et Sociales et Président de l'École des Sciences Politiques et Sociales.

Dès la sortie de la gare, le Chancelier Adenauer fut vivement acclamé par un grand nombre d'étudiants, venus lui offrir ce premier témoignage de leur enthousiasme.

Tandis que le Chancelier et sa suite se rendaient en voiture aux Halles Universitaires, M. le Président Robert Schuman y arrivait venant de France par la route. Il fut reçu aux Halles par Mgr F. Litt, Vice-Recteur, et Mgr L. De Raeymaeker, Président de l'Institut Supérieur de Philosophie et Conseiller près le Recteur.

À la Salle du Sénat Académique de l'Université de Louvain, la rencontre des deux éminents hommes d'État fut particulièrement chaleureuse et amicale. Ils furent ensuite présentés à Son Excellence Mgr Efrem Forni, Nonce Apostolique à Bruxelles, aux membres du Conseil Rectoral et au corps professoral de l'École des Sciences Politiques et Sociales.

Le Chancelier Adenauer et le président Schuman signèrent le livre d'or de l'Université.

Tandis que Son Excellence Mgr le Recteur, en compagnie de M. Adenauer et de M. Schuman, visitait la Bibliothèque de l'Université et leur montrait certains bâtiments universitaires, les personnalités qui avaient assisté à la réception aux Halles, se rendaient au château d'Arenberg à Heverlee, près de Louvain, où un déjeuner serait offert à 13h30.

À l'arrivée du Chancelier Adenauer et de M. Schuman il y eut une brève réception. Cent dix invités étaient réunis au grand salon du château. Outre Son Excellence le Nonce Apostolique, de très nombreux membres du Corps Diplomatique étaient présents, notamment les Ambassadeurs de France et d'Allemagne, ceux d'Espagne, d'Autriche, du Luxembourg, de Grande-Bretagne, du Portugal, du Danemark, du Canada, de Suède, de l'Inde, du Brésil, des Pays-Bas, du Chili, de la Suisse, du Pérou, de Finlande et de Colombie, les Ministres d'Irlande, d'Indonésie et d'Israël et les Représentants des Ambassades ou Légations d'Argentine, d'Italie, des États-Unis et du Liban.

Le Baron de Gruben, Ambassadeur de Belgique à Bonn, était également présent. On remarqua encore la présence de plusieurs Ministres d'État et d'anciens ministres belges, des membres de la haute magistrature, du clergé et de l'armée. Mgr F. Cammaert, aumônier général de l'armée belge, et Mgr L. Gillon, Recteur de l'Université Catholique « Lovanium » de Léopoldville (Congo Belge), se trouvaient aussi au château d'Arenberg.

Après le déjeuner, le Chancelier et M. Schuman visitèrent d'autres édifices de l'Université, notamment les Cliniques Universitaires.

Sur tout le parcours du cortège des Halles Universitaires au Collège Marie-Thérèse, les rues étaient abondamment pavoisées. Longtemps déjà avant le départ du cortège, des habitants de la ville, mais surtout des étudiants et des étudiantes, en groupes compacts, formaient, sur plusieurs rangs de profondeur, une haie enthousiaste.

Vers 16h, au moment où le cortège quittait les Halles, des applaudissements enthousiastes et sympathiques éclatèrent de toutes parts. Derrière le groupe des drapeaux estudiantins et des sonneurs de trompettes thébaines en costume médiéval, s'avançait en premier lieu le Chancelier Adenauer, accompagné de Son Excellence Mgr le Recteur Magnifique et de l'ambassadeur de la République fédérale d'Allemagne ; M. Robert Schuman suivait avec Mgr Litt, Vice-Recteur de l'Université, et l'ambassadeur de France. Immédiatement après eux venait Son Excellence Mgr Efrem Forni, Nonce Apostolique, entre l'Écuyer van der Essen, Secrétaire Général de l'Université, et Mgr L. De Raeymaeker, conseiller près le recteur et président de l'Institut supérieur de philosophie ; ils étaient suivis de M. Gillon, président du Sénat, et de M. Victor

Larock, ministre des Affaires étrangères. Ensuite venaient les membres du Corps Diplomatique, les représentants des Institutions Scientifiques du pays, des Universités et des Institutions d'Enseignement Supérieur, les autres invités de marque et de très nombreux membres du Corps Professoral.

Dans les rues, la foule était devenue si dense que le cortège avait beaucoup de peine à se frayer un chemin à travers cette marée humaine ; l'enthousiasme des étudiants ne connaissait plus de bornes ! Le cortège parvint finalement au Collège du Pape. Après s'être arrêtés quelques instants au salon de ce Collège, les héros du jour et les personnalités firent leur entrée dans la grande « Aula » du Collège Marie-Thérèse, déjà remplie jusqu'aux derniers recoins d'une foule enthousiaste d'invités, de professeurs et d'étudiants. Pour les nouveaux docteurs et leurs « parrains », les Autorités Académiques, M. le Président du Sénat et M. le ministre des Affaires étrangères et pour le Corps Diplomatique des sièges avaient été réservés à la tribune de l'Aula ; les membres du Conseil Général de l'Université et du Conseil Rectoral y prirent également place.

Aux premiers rangs de l'hémicycle des places avaient été réservées au Lieutenant Général Dinjeart, Chef de la Maison Militaire de Sa Majesté le Roi Baudouin, à M. Ch. Kerremans, attaché au Cabinet de Sa Majesté, aux membres de la famille de M. Robert Schuman : le Lieutenant Général Duren, Commandant des Forces de la Défense Intérieure et Commandant de la 1re Circonscription Militaire, et Madame Duren, le Lieutenant Général Hurt, M. Duren, Inspecteur Général honoraire du Service de Santé au Congo, et au Docteur H. Kilb, Chef de Cabinet du Chancelier Adenauer.

La séance académique fut en tout point magnifique, non seulement par la qualité et le nombre des personnalités présentes, mais aussi par l'enthousiasme de l'assistance. Toute la séance se déroula sous le signe de l'Europe Unie, fondée sur les bases solides de la foi chrétienne et des enseignements de l'Église.

*

* *

Son Excellence Mgr Van Waeyenbergh, Recteur Magnifique, ouvrit la séance par le discours suivant, prononcé alternativement en français, en néerlandais et en allemand.

Excellence Monseigneur le Nonce Apostolique,

Monsieur le Chancelier,

Monsieur le Président,

Monsieur le Président du Sénat,

Messieurs les Ambassadeurs,

Messieurs les Ministres d'État,

Monsieur le Ministre,

Messieurs les représentants des autorités civiles, militaires et religieuses,

Messieurs les Recteurs,

Messieurs les Professeurs,

Mesdames, Messieurs,

Chers Étudiantes et Étudiants,

LORSQUE, **LE 27 NOVEMBRE DERNIER,** Sa Sainteté le Pape Pie XII recevait à Rome en visite officielle Son Excellence le Dr Theodore Heuss, Président de la République Fédérale d'Allemagne, il a, en cette circonstance solennelle et exceptionnelle, prononcé un discours qui fit sensation. Songeant aux situations internationales créées par les deux guerres mondiales, il déclara :

[Passage traduit de l'allemand]

Notre satisfaction est particulièrement grande en voyant que, grâce à la volonté sincère et loyale d'hommes d'État responsables d'une part et de l'autre, qui répondent à l'espoir et au désir de la grande majorité des peuples, désormais se sont formés le noyau et la colonne vertébrale d'une Europe unie, c'est-à-dire le rapprochement, les bons rapports et la volonté mutuelle de collaboration entre l'Allemagne et la France, ce qui est un événement attendu depuis des siècles et que nous recommandons à la protection de Dieu.

Et plus loin :

Si l'on veut assurer la vraie liberté et sauver la culture auxquelles l'Europe doit sa grandeur, il faut recourir, non pas seulement ni principalement aux valeurs matérielles, mais avant tout à ces forces spirituelles et morales qui sont inhérentes à la culture, lorsque celle-ci veut défendre et favoriser la dignité de l'homme et sa liberté, pour le bien, cela s'entend.

[Fin du passage traduit de l'allemand]

Ces paroles de l'autorité suprême de l'Église caractérisent et justifient notre cérémonie de ce jour. Il n'est en effet pas possible qu'une université, sans toutefois prétendre se mêler directement aux contingences de la vie politique des États, se désintéresse au point de vue scientifique des problèmes du jour et des théories qui déterminent le rôle de l'État et les « relations internationales ». Et de même, il n'est pas imaginable qu'une Université Catholique ne s'inspire pas des déclarations du Souverain Pontife.

Nous avons assisté depuis la fin des hostilités à des efforts louables de particuliers comme de nations, tendant à établir sur des bases solides d'entente, de collaboration et d'organisation, une paix durable assurée par le respect de la personne humaine, par la conscience vécue des engagements de la parole donnée et par le respect des valeurs morales. Les pays de l'Europe occidentale surtout y ont coopéré et, en ce qui concerne la Belgique, nous ne pouvons oublier le rôle éminent qu'ont joué, dans les pourparlers et les conférences, nos Ministres des Affaires Étrangères, MM. van Zeeland et Spaak, auxquels nous nous plaisons à rendre ici un hommage bien mérité.

Mais aujourd'hui, notre Université a voulu honorer de la plus haute distinction scientifique dont elle dispose, deux hommes dont le rôle politique dans leur pays respectif a été plus qu'éminent et dont les efforts constants et constructifs se sont d'autant plus efficacement jumelés qu'ils représentaient des pays si foncièrement opposés par le cours de leur histoire et si violemment engagés par deux guerres dans des luttes héroïques mais terriblement meurtrières, et que, sans l'entente réelle entre ces deux pays, tout essai d'union de l'Europe est vain.

Vous avez été appelé, Monsieur le Président, vous, le Lorrain libéré, « le parrain de l'Europe unie », et à juste titre, car, dès le lendemain de la guerre mondiale, tout en servant magnifiquement votre pays, vous avez consacré votre vie et vos efforts à la création de cet être politique adapté aux circonstances modernes unissant le maximum d'efforts coordonnés dans le respect des souverainetés personnelles, nécessairement réduites. Cette création rappelle, sans en désirer les tares, la grandeur et les splendeurs, les possibilités et les espoirs de l'Empire romain, comme du Saint Empire du Moyen Âge. Elle tâche de répondre à cette aspiration universelle à la paix par l'ordre et la coordination des bonnes volontés, s'efforçant d'exclure la guerre fratricide et de faire régner la paix véritable, possible quand même, malgré les divergences des tendances et les caractères propres à chaque partie intégrante et intégrée de cette Europe nouvelle, qu'un rideau de fer empêche, hélas, d'être entière. Elle vise à admettre, dans la liberté la plus complète, la reconnaissance des valeurs humaines dans un régime sainement démocratique.

C'est cette même conception, Monsieur le Chancelier, que, dès le lendemain de la Première Guerre mondiale, vous avez défendue. Elle a inspiré toute votre politique nationale de nécessaire réorganisation et de reconstruction prodigieuse, après chaque catastrophe à laquelle avaient conduit les excès de pouvoirs dictatoriaux et ambitieux. C'est le désir sincère de paix internationale qui a dirigé votre politique extérieure en vous permettant de « préconiser toujours l'entente européenne » et de discerner, par une clairvoyance nourrie de bon sens et d'énergique volonté, les possibilités de redressement pour votre pays et de reprise de son activité générale et influente dans tous les domaines. Vous avez accepté d'être « le liquidateur de deux défaites »[1], mais aussi « l'architecte de l'Europe »[2].

Et tous deux, Excellences, vous avez trouvé dans votre Foi éclairée et dans une véritable charité chrétienne, la force décidée et inébranlable pour mener vos pays vers l'entente et l'aide mutuelles, garants les plus sûrs d'une paix européenne.

C'est ce que, animée d'une admiration réelle et d'un espoir fondé notre Université, deux fois martyre, atteinte douloureusement dans son institution, dans ses bâtiments et même dans ses membres, a voulu célébrer par cette journée de confiance en des temps meilleurs, promis par le message de Noël aux hommes et aux nations de bonne volonté.

C'est ce que, Excellences, Mesdames et Messieurs, vous désirez, je n'en doute pas, affirmer avec nous en vous unissant à nous en ce jour et en nous honorant de votre présence. Nous vous en sommes bien reconnaissants.

*
* *

[Passage traduit du néerlandais]

Excellences,

Mesdames, Messieurs,

Nous vous savons, en effet, gré d'avoir consenti à vous rendre aujourd'hui à Louvain afin de participer à cette cérémonie, qui peut à juste titre, au vu des circonstances présentes et du passé de notre institution, être qualifiée d'historique.

Hormis les raisons que je viens d'évoquer, il y en a encore une autre qui incite notre Université catholique à rendre hommage aux mérites des héros du jour.

En effet, nous confessons, ainsi que nous l'avons toujours fait, que la recherche scientifique de la vérité ne peut connaître aucune frontière, puisqu'il s'agit d'une prérogative de l'intelligence humaine de tous temps et de tous lieux, et qu'elle exige plus que jamais l'union fraternelle de tous les efforts dans un gigantesque travail d'équipe, pour lequel il faut nécessairement faire appel aux moyens de l'humanité entière.

C'est de fait le rôle de l'Université de se consacrer à la recherche scientifique, d'assurer la formation intellectuelle supérieure de l'élite et

---

[1] D'Harcourt, *Adenauer*, p. 18.
[2] *Ibid.*, p. 74.

de répandre par son rayonnement la vérité découverte au-delà de toutes les frontières. Une telle mission requiert toutefois des conditions de travail dans lesquelles la sérénité et donc surtout la paix sont garanties.

Érasme, le grand humaniste, qui séjournait au début du XVIᵉ siècle à Louvain et était la gloire de notre « Collegium Trilingue » fondé par Busleyden, qui passe pour le prototype du « Collège de France », y écrivit en 1514 à un de ses protecteurs la lettre qui serait à la base de sa dissertation « Bellum », dont le ton fut nécessairement impétueux, mais chrétien-humaniste et plein de charité. À cette dissertation succéda en 1517 sa « Querela Pacis undique ejectae profligataeque ». Il est bon de le rappeler ici, alors que nous constatons, hélas, qu'au XXᵉ siècle, nous devons à nouveau exprimer les mêmes plaintes, les mêmes incitations et les mêmes attentes. Attentes, oui ! Puisque, comme le déclara Sa Sainteté le Pape le 13 juin 1957, en accueillant les membres du Congrès de l'Union de l'Europe occidentale, et leur assurant une fois de plus avec quel intérêt Il suit les avancées de l'idée européenne :

[Fin du passage traduit du néerlandais]

« La relance européenne... peut conduire... à affirmer entre les États » signataires des traités de l'Euratom et du Marche Commun, « la conscience de leurs intérêts communs d'abord sur le seul plan matériel, sans doute, mais si le succès répond à l'attente, elle pourra ensuite s'étendre aussi aux secteurs qui engagent davantage les valeurs spirituelles et morales »… « Sa volonté de former une communauté d'États... n'est pas commandée par un réflexe de défense contre les puissances extérieures qui menacent ses intérêts, mais procède surtout de mobiles constructifs et désintéressés »... « Vous voulez procurer, par les meilleurs moyens possibles, à l'Europe tant de fois déchirée et ensanglantée, une cohésion durable qui lui permette de continuer sa mission historique »... « Ce message chrétien... est capable... de garantir, dans une communauté supranationale le respect de différences culturelles, l'esprit de conciliation et de collaboration avec l'acceptation des sacrifices qu'il comporte et des dévouements qu'il appelle ».

[Passage traduit du néerlandais]

Sa Sainteté a répété ces incitations pleines de bonté paternelle et de noble amour lors de sa dernière allocution de Noël :

[Fin du passage traduit du néerlandais]

« Nous considérons comme une mission divine de notre Pontificat d'unir fraternellement les peuples dans la paix. Nous renouvelons Notre exhortation pour que, entre les véritables amis de la paix, cesse toute rivalité, soit éliminée toute cause de défiance ».

[Passage traduit du néerlandais]

Ceci constitue sans aucun doute pour notre Université catholique une doctrine solide, une ligne de conduite ferme qui doit nous guider pour la formation de la jeunesse qui nous a été confiée. Et nous restons entièrement fidèles à nos traditions ainsi qu'à nos devoirs, quand nous faisons honneur à ceux qui, animés par cette idée, s'engagent pour assurer la paix, qui est indispensable au travail scientifique fructueux.

[Fin du passage traduit du néerlandais]

*

* *

[Passage traduit de l'allemand]

Monsieur le Chancelier, permettez-moi, avant de terminer, de m'adresser tout particulièrement à vous pour vous dire simplement mais très sincèrement combien, en même temps que votre ami, Son Exc. M. le Président Schuman, vous honorez notre Université en accueillant, comme vous l'avez fait, l'honneur que nous vous offrons.

Votre acceptation donne à cette journée, à cette séance sa pleine signification. Car elle fait ressortir plus clairement aux yeux de notre pays, comme aux yeux du monde, combien profonde et grande doit être l'œuvre de paix et de réconciliation qu'est l'Europe Unie.

Notre pays, Monsieur le Chancelier, et notre Université, ont souffert par deux fois terriblement et portent encore les traces de la guerre, comme aussi, malgré vos tenaces efforts et vos prodigieuses réalisations, le fait votre Patrie.

Nous avons connu, avec la double destruction du centre vital de notre Université, notre belle bibliothèque, la destruction et la mort. En plusieurs de nos membres, nous avons connu, comme vous-même, Excellence, la captivité, la prison ou les camps de concentration. Nous avons eu, comme vous, le courage de vivre et de continuer, de reconstruire et de poursuivre notre tâche. *Non evertetur*. La *Sedes Sapientiae*, notre Patronne et notre Protectrice, ne permet pas que notre *Alma Mater* soit écrasée. Comme vous, nous avons cru en un avenir meilleur.

Nous ne proférons pas la déclaration platonique : « Nous oublions », car on n'efface pas des événements historiques portant des dates et restant des témoins du passé. Mais nous disons, dans un sentiment de réelle et profonde charité chrétienne : « Nous aimons » !

Nous aimons la civilisation chrétienne et la foi universelle d'amour. Nous aimons tous ceux pour lesquels le Christ, qui par Son sacrifice a sauvé le monde, est mort. Nous aimons ceux qui sont morts pour que nous vivions en liberté. Nous aimons tous les peuples, même et avec un certain espoir, ceux qui errent dans l'obscurité ou dans des conceptions inadmissibles qui enlèvent à la dignité humaine toute sa grandeur. Nous aimons Dieu et en Lui notre prochain. Nous aimons aussi et à plusieurs titres le grand Chancelier qui, depuis septembre 1949, jouit de la part de son pays, d'une confiance toujours croissante et effective. Nous aimons collaborer à la préparation d'une époque de l'histoire du monde où, grâce aux efforts de tous, la charité par l'aumône du cœur ne sera pas un vain mot et où se réalisera l'aspiration de votre grand Schiller, immortalisée par votre et notre Beethoven :

[Fin du passage traduit de l'allemand]

Seid umschlungen, Millionen,
Diesen Kuss der ganzen Welt!
Brüder, überm Sternenzelt
Muss ein lieber Vater wohnen!

*   *

*

Ensuite M. le Professeur Paul van Zeeland, ancien Premier Ministre, fut appelé à présenter M. le Président Schuman. Il le fit en ces termes :

La scène se passe au Quai d'Orsay, dans la grande salle à manger aux murs verts. Robert Schuman a invité ses collègues des pays de la future Communauté Charbon Acier. Il préside avec son affabilité coutumière. Ministres et hauts fonctionnaires, répartis autour de la table ovale, s'entretiennent, en langage diplomatique, de sujets graves et sévères. Soudain, le silence s'établit. Et une conversation s'engage à travers la table, entre M. Robert Schuman, M. Joseph Bech et M. Orban. Les autres convives se regardent, un instant ébahis, et comme mystifiés.

Quelle est donc la langue inconnue dans laquelle s'interpellent ces trois personnages, avec une gaîté et une allure que les hommes mûrs n'ont plus, si ce n'est pour rappeler des souvenirs d'enfance ? C'était tout bonnement le « Letzeburger », le Luxembourgeois, – que tous trois avaient parlé lorsqu'ils étaient sur les bancs de l'école. N'était-ce pas, à coup sûr, la première fois que les murs impassibles et hautains du Quai d'Orsay se renvoyaient de tels échos ? ...

Mais avec Robert Schuman, ils n'étaient pas au bout de leurs étonnements ! ... Car cet homme, simple et droit, pacifique de cœur, aux gestes débonnaires, aussi modeste que le permettent les très hautes fonctions qu'il a remplies, laissera dans l'Histoire le souvenir – ou mieux, la marque, – d'un novateur, d'un créateur, à la fois prudent et hardi.

Il y a longtemps que l'on prononce le nom de Robert Schuman dans les milieux politiques. Ceux-ci se sont, avec les années, graduellement élargis. Ce fut d'abord en Alsace-Lorraine, puis en France, puis dans la résistance, ensuite en Europe, de là en Amérique, et aujourd'hui dans tout le monde libre.

Il est vrai que sa vie et sa carrière se placent, dès le début, sous le signe d'une véritable prédestination. Issu de parents lorrains, c'est à Luxembourg qu'il naît, et fait ses premières études. De là, il part à Metz, où il conquiert son Doctorat en Droit. Il poursuit ses études à travers une série d'universités allemandes : Bonn, Munich, Berlin, Strasbourg, et s'inscrit en 1912 au Barreau de Metz.

La victoire, en 1918, rendit, en même temps à la France l'Alsace-Lorraine, et l'un de ses meilleurs enfants : Robert Schuman.

Dès 1919, il est élu Député de la Moselle. Ainsi commence une carrière de service public, qui est encore loin de son terme.

Cette carrière, il serait vain de la suivre, degré par degré, étape par étape. Elle est présente dans toutes nos mémoires.

Mais elle offre, dans son déroulement, une unité de pensée et une continuité d'action, qui en font la grandeur et en expliquent le succès.

Placé par sa naissance et son éducation aux confins de deux des plus grandes formes de notre civilisation occidentale – la culture française et la pensée germanique, – Robert Schuman était plus qualifié et mieux armé que quiconque pour les comprendre à fond, les expliquer l'une à l'autre, et rechercher les éléments d'une synthèse que les circonstances rendaient impérieuse.

Cette mission, il se l'imposa dès le début, et y resta fidèle à travers les bouleversements de notre époque et les heurts de la vie privée.

Il me semble que l'on peut condenser en deux grandes entreprises – à la fois magnifiques et parallèles – l'œuvre de Robert Schuman : d'une part, la construction ou plutôt la reconstruction de l'Europe ; d'autre part, le rapprochement et l'entente de la France et de l'Allemagne.

L'Europe ! Aujourd'hui, l'idée de l'Europe a franchi les barrières ; son urgence n'est plus discutée ; l'homme de la rue l'a admise ou en a pris son parti ; chacun reconnaît qu'il n'est pas d'autre issue à l'impasse où les nationalismes et les guerres ont conduit les peuples de l'Occident.

Mais il n'en était pas ainsi au moment où Schuman et une équipe d'hommes clairvoyants sont partis en pionniers sur les routes arides de la campagne européenne.

Par un concours de circonstances – paradoxal et passager, mais quasi impénétrable – les milieux politiques français offraient un climat singulièrement peu propice à la prompte réalisation des aspirations européennes.

Les difficultés de tous ordres, – sentimentales ou réalistes – se multipliaient partout. Les enseignements de la guerre et de l'après-guerre avaient trouvé plus d'écho dans l'intuition des masses que dans les opinions calculées des dirigeants. Or, le temps pressait. En matière politique, la meilleure doctrine, si elle reste trop longtemps privée de l'appui de quelque réalisation concrète, s'affaiblit et risque de rejoindre bientôt les nuées... Il fallait un fait nouveau, un sentier de traverse, un point d'appui, même limité ! Ce fut le Plan Schuman, en d'autres termes, la Communauté européenne du Charbon et de l'Acier.

Bravant ou tournant les difficultés, avec un mélange caractéristique d'audace, de prudence, de souplesse et d'habileté, Schuman démontra qu'en réduisant le nombre initial des pays sollicités, et en limitant l'effort à deux produits de base, il était possible d'arriver rapidement à un premier but, c'est-à-dire de mettre sur pied une organisation vivante, portant en elle-même l'embryon de toutes les institutions nécessaires au fonctionnement d'une Europe intégrale.

Maintenant, après coup, tout cela paraît simple et de bon sens ! Parfois même nous avons tendance à souligner plus qu'il n'est équitable, les limitations de l'œuvre, les insuffisances de l'organisation, les dangers qui la menaceraient si l'effort européen s'arrêtait à ses frontières. Je suis moi-même, comme l'est Robert Schuman d'ailleurs, un partisan convaincu de l'Europe tout court, et non de la « petite Europe ». Celle-ci n'est et n'a jamais été, dans l'esprit de ses auteurs, qu'une œuvre de début, un départ, un moyen concret d'ouvrir les routes de l'avenir européen. La récente mise en action du Marché commun n'en est-elle pas la meilleure preuve ?

Mais reportez-vous – pour juger l'homme du Plan Schuman et son œuvre – au moment où celle-ci fut conçue. Certes, d'autres, à côté de lui, ont pensé, travaillé, apporté des matériaux ; et l'Histoire leur rendra justice à eux-aussi. Mais les masses ne se sont pas trompées. L'étiquette de « Plan Schuman » ne fut ni usurpée, ni déplacée. C'est bien lui qui dut prendre et qui prit le premier la responsabilité politique de l'entreprise, et, qui en porte le principal mérite.

Je me rappelle une minute émouvante entre toutes, à cent coudées au-dessus des raisonnements, des statistiques, de la sagesse moyenne, qui avait formé la base de l'action en faveur du Plan Schuman.

Les Ministres du Conseil de l'Europe, entourés de leurs collaborateurs, siégeaient à Strasbourg, sous la présidence de Robert Schuman. À Paris, la Chambre discutait du Plan, au cours d'une ultime séance.

Chacun était plein d'espoir, mais rien n'était encore définitivement acquis. Soudain, on apporta à Robert Schuman un pli, qu'il décacheta avec une hâte fébrile. Aussitôt, son visage se transforma ; des larmes perlèrent au bord de ses paupières ; et ce fut avec une émotion prenante que cet homme, d'ordinaire si calme et si maître de lui, annonça à ses collègues que le Parlement français venait de se prononcer à une ample majorité en faveur de l'œuvre nouvelle, de l'œuvre de sa vie, en faveur de la Communauté européenne du Charbon et de l'Acier.

Depuis longtemps, Robert Schuman s'était pénétré d'une vérité qui paraît aujourd'hui, elle aussi, absolument évidente, mais qui était demeurée bien longtemps sous le boisseau ! S'il est vrai qu'il n'y a pas d'Europe sans la France, il est également vrai qu'il n'y a pas d'Europe sans l'Allemagne. La réconciliation, le rapprochement, l'entente entre la France et l'Allemagne étaient une obligation absolue, une condition *sine qua non* du progrès de l'Europe.

Mais qu'une chose soit nécessaire ou désirable, ou même conforme à l'intérêt de tous, cela ne suffit point pour en assurer le succès. Le bon sens, l'intérêt mutuel, la raison sont souvent bien faibles devant des souvenirs trop vifs ou des sentiments trop puissants. Quoi qu'il en soit, il y a des moments dans l'Histoire où certains hommes doivent prendre sur eux de courir tous les risques, pour essayer de faire pencher, du bon côté, le plateau de la balance où gisent, voilées aux yeux des masses, les meilleures chances de paix et de prospérité.

Robert Schuman eut cette force ; il osa cette audace ; il montra ce courage. Plus d'une fois, il risqua de voir son action méconnue ou incomprise de ceux-là même dont il était le plus proche par toutes ses aspirations, par toutes les fibres de sa nature.

Mais il eut aussi une grande chance. Ce fut de trouver en face de lui, de l'autre côté de la frontière, un homme auquel l'Université de Louvain rend aujourd'hui le même exceptionnel hommage ; un homme qui, comme lui-même, réussit à servir au mieux les intérêts de son pays à la faveur d'une politique de haute classe, fermement appuyée sur la nécessité de l'Europe, – sur l'entente entre la France et l'Allemagne, – sur la paix dans la justice. Cet homme, c'est le Chancelier Adenauer.

Est-ce à dire que les chemins suivis par ces deux hommes d'État se sont déroulés suivant des courbes parallèles, dans des paysages harmonieux ? Nullement. Que de fois n'ai-je pas vu s'élever, et se glisser entre eux, malgré leurs désirs, des difficultés graves, et d'ailleurs inévitables ; de ces difficultés où il semble que nul n'a jamais ni tout à fait raison ni tout à fait tort où aucune solution ne s'impose d'elle-même ; de ces difficultés dont on ne sort que si, grâce à Dieu, on trouve, de part et d'autre le même souhait d'aboutir, la même bonne volonté, et j'ajouterai, – en y insistant, – la même abnégation de cœur et la même élévation d'esprit !

Mais, tout compte fait, l'Europe retrouve peu à peu les bases de son unité ; la France et l'Allemagne se rapprochent dans une même volonté créatrice.

Après tant et de si durs combats, j'imagine que de temps en temps il arrive à Robert Schuman de s'arrêter brièvement, et de jeter un coup d'œil en arrière ; il peut ainsi mesurer le chemin parcouru et l'œuvre déjà accomplie : ce qu'il ne reconnaîtra peut-être pas pleinement, c'est la mesure dans laquelle ces extraordinaires résultats sont dus à sa propre action. Sa modestie l'en empêchera.

Mais nous, nous avons le droit, et même le devoir de rétablir la vérité et d'attribuer à chacun ce qui lui revient.

Reconnaissons-le donc. Lorsqu'un homme réussit comme lui à attacher son nom à des idées fécondes et à susciter des œuvres durables, ce n'est point à un hasard qu'il le doit, ou à quelque bonne étoile sous laquelle il serait né. C'est le fruit d'un rare ensemble de qualités maîtresses ; c'est aussi, et plus encore peut-être, le résultat d'une somme d'efforts et de travaux qui dépassent ce que la vie demande ordinairement à un être humain.

Et n'oublions pas qu'il a trouvé, tout au long de sa carrière, dans une foi profonde et active, l'inspiration supérieure et le réconfort moral que réclame une existence menée entièrement sur les sommets de l'esprit.

Robert Schuman a bien servi son pays.

Il a servi la France comme elle mérite d'être servie, sur le plan élevé où elle retrouve la vocation de guide et le rayonnement intellectuel que des siècles d'Histoire ont consacrés.

Du même élan, il a servi efficacement les intérêts de l'Europe.

Et comme il apparaît chaque jour plus clairement que le maintien de la paix et le développement de la civilisation chrétienne dépendent largement de la vigueur, de l'unité et du prestige de l'Europe, nous pouvons affirmer que l'action de Robert Schuman aura servi les hommes de bonne volonté jusqu'aux confins de notre monde.

C'est pourquoi, l'Université de Louvain est fière de compter désormais parmi les noms inscrits dans la longue et glorieuse liste de ses Docteurs, celui du Président Robert Schuman, fidèle servant des plus hautes valeurs de l'Occident, et grand artisan de l'Europe.

Après cette allocution, Son Excellence Mgr le Recteur donna lecture du diplôme par lequel est conféré à M. Schuman le titre de docteur honoris causa en Sciences Politiques et Sociales ; il lui remit le parchemin et l'épitoge bleu-blanc, insigne du nouveau titre honorifique.

[Passage traduit du latin]

Attendu que Son Excellence M. Robert SCHUMAN, ancien Président du Conseil, ancien Ministre des Affaires Étrangères de la République française, Membre de l'Assemblée Nationale, imbu des principes salutaires de la doctrine chrétienne, et doué d'une grande prudence dans la conduite de l'État, a toujours, dans des circonstances diverses, servi sa noble patrie avec un parfait désintéressement joint à un sens aigu du devoir,

Attendu que son origine lorraine lui a permis de porter ses regards plus loin et que mieux que quiconque il a compris la nécessité d'une réconciliation de la France et de l'Allemagne, au mépris de n'importe quelle raison de désaccord, et attendu qu'il a mis tout en œuvre, avec une persévérance tenace, pour que toutes les nations d'Europe, unies dans un groupement plus large qui les embrasse toutes et les dépasse, puissent vivre dans la liberté et la prospérité, à l'abri des menaces du danger communiste,

Attendu que, champion d'une paix et d'une concorde sincères, il a tracé la voie à cette nouvelle formule politique par laquelle les peuples, non seulement des pays occidentaux mais du monde entier, pourraient s'acheminer vers le vrai bonheur, et attendu que pour ces motifs il mérite que les lauriers de notre Université lui soient accordés,

Nous, en vertu des pouvoirs qui Nous sont donnés, et avec l'assentiment de l'École des Sciences Politiques ef Sociales, avons promu SON EXCELLENCE M. ROBERT SCHUMAM et l'avons proclamé Docteur *honoris causa* en Sciences Politiques et Sociales.

[Fin du passage traduit du latin]

* *

*

Après quelques mesures de la Marseillaise, *lorsque les chaleureux applaudissements furent apaisés, M. le Professeur Gaston Eyskens, lui aussi ancien Premier Ministre belge, fut invité à prendre la parole pour présenter Son Excellence M. Konrad Adenauer. Il prononça le discours suivant :*

Lorsque son Excellence Monsieur le Chancelier Adenauer accepta, il y a quelques années, le grade de Docteur *honoris causa* de l'Université de Georgetown aux États-Unis, le Président de cette haute institution d'enseignement déclara ce qui suit :

« Le devoir de l'heure présente est de découvrir les hommes d'État qui se distinguent par leur caractère et leur sagesse, les hommes d'État qui conduisent leur peuple dans la paix l'honneur et l'entente internationale ».

L'École des Sciences Politiques et Sociales de l'Université Catholique de Louvain répond en ce jour à cet appel et elle est particulièrement fière de pouvoir rendre, par sa plus haute distinction académique, un hommage solennel au Chancelier éminent qui préside aux destinées de la République Fédérale d'Allemagne. Notre Université est fière de pouvoir rendre cet hommage à celui dont toute la vie et l'action politique sont éclairées par la lumière de la vérité et de la foi ; à celui qui est un des grands animateurs de la renaissance spirituelle et politique et de l'organisation, dans l'entente et la compréhension, de l'Europe Occidentale.

Nous vous remercions, Monsieur le Chancelier, d'avoir accepté, malgré les devoirs de votre haute charge, l'invitation de venir dans les murs de notre vieille et toujours jeune Université. Vous le faites quelques jours après avoir célébré votre 82e anniversaire, apportant ainsi à la jeunesse universitaire catholique de notre pays et à nous tous, l'exemple vivifiant d'énergie et de volonté et le témoignage que constitue votre vie une vie de foi, de courage et de continuité inébranlable dans la droiture.

Nous remercions en vous, celui qui tout en reconstruisant son pays sur le plan moral et matériel a su avec clairvoyance ténacité et habileté, intégrer l'Allemagne démocratique dans l'Europe, le monde occidental, renouant avec les traditions de la chrétienté qui constituent la grandeur de notre civilisation. Car la culture de nos pays d'Occident est une. Elle est une, parce qu'elle est née de la pensée et de l'action d'hommes libres. Elle est une par le respect qu'elle voue à la personne humaine, à la primauté de l'esprit, par l'intransigeance aussi de sa résistance à toute oppression, par la source profonde dont elle jaillit et qui est celle de la philosophie qui fait l'éclat de notre Université cinq fois séculaire.

Notre pays a connu les épreuves et les souffrances de deux guerres et de deux occupations, qui ont laissé des blessures dans les âmes et dans les corps et des traces profondes dans les pierres. Mais cela explique d'autant mieux que nous désirons, avec un élan du cœur, saluer en vous le bâtisseur d'une Europe nouvelle, abdiquant ses antagonismes révolus, et qui, dans la compréhension et la fraternité des peuples, deviendra plus qu'une association politique ou économique, pour trouver son unité sur la base des idéaux et des principes qui constituent notre héritage commun.

Ceux qui travaillent dans la forge sont illuminés par la lueur du fer qui se bat. Nous vous voyons aujourd'hui, Monsieur le Chancelier, dans cette lueur de gloire qui rejaillit, au moment même où se constitue le Marché Commun de nos pays, sur les artisans chrétiens qui ont forgé l'Europe nouvelle : le Chancelier de la République Fédérale d'Allemagne, Monsieur le Président Robert Schuman et le grand disparu, dont le souvenir restera gravé dans nos cœurs, Alcide de Gasperi.

Nous vous remercions de la grande part que vous avez prise dans l'œuvre accomplie.

*

* *

[Passage traduit du néerlandais]

Son Excellence le Dr Konrad Adenauer est né à Cologne en 1876.

De son milieu familial, il tient sa profonde conviction religieuse, sa philosophie chrétienne et son sens du zèle et du travail persévérant, qui ont marqué sa vie de façon indélébile.

Après l'achèvement de ses études de droit et d'économie politique aux Universités de Munich, Fribourg et Bonn, il s'est initialement établi dans sa ville de naissance pour y pratiquer le droit, mais, dès 1906, il y fut appelé, sur proposition du Parti du Centre, à la gestion de la ville. Ainsi le Dr Adenauer commença-t-il sa carrière entièrement consacrée au gouvernement administratif et politique, au bénéfice de la ville, du pays et du peuple, puis couronnée par un brillant rayonnement dans le domaine de la politique internationale.

Beigeordneter de la ville de Cologne en 1906, le Dr Adenauer y devint premier *Beigeordneter* en 1912, bourgmestre et bientôt aussi, en 1917, *Oberbürgermeister*.

Mais il donna la pleine mesure de son aptitude et de son dévouement dans les temps difficiles et troubles qui suivirent la défaite, le bouleversement, la famine, la pénurie, l'occupation et l'inflation. Il fallait alors, pour la première fois dans cette riche vie, remplir la mission délicate et ingrate de faire coexister vainqueurs et vaincus et, en même temps, de stimuler la reconstruction économique et le progrès social.

Il faut reconnaître un grand mérite personnel à celui qui, à la tête du gouvernement de la ville, a mené le développement moderne de Cologne après la Première Guerre mondiale.

Entre-temps, le Dr Konrad Adenauer était aussi devenu au fil des années membre du *Preußisches Herrenhaus*, où il représentait le Parti du Centre catholique, membre du *Rheinischer Provinziallandtag*, président du *Provinzialausschuss* de la Province rhénane, membre du *Reichswirtschaftsrad*.

En 1923, il fut élu président du Conseil d'État prussien, fonction qu'il occupa jusqu'en 1933. Toutes ces hautes charges ont été accomplies dans un constant dévouement, avec une rigueur remarquable, une application assidue, avec un discernement et une habilité maintes fois loués. Comme figure de proue du Centre, en tant que président de l'inoubliable *Katholikentag* de Munich, s'éleva ainsi le meneur, dans une sincère et hardie profession de sa foi et de sa conviction.

Quand, peu après la Première Guerre mondiale, il put inaugurer la nouvelle université de Cologne et y recevoir le doctorat *honoris causa*, le Dr Adenauer se déclara déjà sans ambages en faveur de la solidarité en Europe occidentale : « Dans cette vallée du Rhin, artère de circulation historique des peuples, adviendra la rencontre entre la culture allemande et celles des démocraties occidentales... ». Déjà à l'époque, il se prononça en faveur d'une étroite communauté d'intérêts entre l'Allemagne, la France et la Belgique.

Ces idées, les sympathies jadis témoignées pour le mouvement rhénan, la fidélité au régime démocratique, au respect de la personnalité de l'homme et de la liberté de conscience, firent de l'homme d'État un obstacle, qui devait être balayé par la sinistre déferlante du national-socialisme. Le Dr Adenauer connaît alors l'amertume d'attaques narquoises, d'accusations malveillantes et d'outrages. En mars 1933, il est destitué de toutes ses fonctions par un *Gauleiter* nazi et des poursuites judiciaires sont entamées contre lui. Il lui est interdit de séjourner dans la région de Cologne. Vivant maintenant en quelque sorte comme un exilé dans son propre pays, il se retire dans l'abbaye bénédictine de Maria-Laach, va ensuite résider à Neu-Babelsberg, puis à Röndorf. Arrêté une première fois en 1934, mais libéré par après, il vit encore deux fois l'épreuve de la Gestapo et de la captivité durant l'année 1944.

Après douze ans de mise à l'écart et d'épreuves, sur invitation du commandement de l'armée américaine, le Dr Adenauer reprit en 1945 la fonction d'*Oberbürgermeister* de Cologne, avec lucide et ferme volonté de remplir la lourde tâche, mais cette fois-ci au milieu de la misère laissée par la guerre, l'effondrement total et les ruines chaotiques. Toutefois, lui qui avait consacré tant d'années de sa vie à la direction urbaine, avait déjà une fois rénové Cologne et conduit la ville à un développement prospère, fut encore, en cette même année 1945, démis de sa fonction par les autorités militaires britanniques et ce – voici l'ironie du sort – pour motif d'incompétence. Le Chancelier de la République fédérale allemande aura surtout trouvé là l'occasion d'approfondir sa sagesse devenue légendaire, en pouvant apprécier la valeur des décisions expéditives des autorités militaires dans des affaires civiles et politiques.

Cependant, *felix culpa*, la voie était maintenant aussi ouverte pour le véritable destin de l'Homme d'État dont la grande stature personnifie la nouvelle Allemagne aux yeux du monde entier.

Celui qui est porteur d'une foi indestructible ne puise dans les revers qu'une force plus grande. Le Dr Adenauer se consacre immédiatement à l'organisation et au développement du nouveau parti qui va remplacer l'ancien Centre, mais qui repose sur des bases plus larges et rajeunies, la CDU, la *Christlich-Demokratische Union*, une formation politique non-confessionnelle, tournée vers les catholiques, les protestants et les autres sensibilités, qui veut s'inspirer des idéaux de la philosophie chrétienne, de la justice sociale et de la démocratie politique pour le gouvernement du pays.

En 1948, le Dr Adenauer devient député et est élu président du Conseil parlementaire à Bonn, lequel dans l'Allemagne qui se relève de ses ruines, trace le chemin qui mènera celle-ci à son organisation politique et à la formation d'un gouvernement, et qui donnera naissance à la nouvelle constitution.

Après les élections du Bundestag du 14 août 1949, le Dr Adenauer est désigné pour la plus haute fonction de premier Chancelier de la République fédérale allemande, qui, à travers lui, choisit explicitement le côté des peuples libres.

L'histoire de l'Allemagne des dernières années nous est suffisamment familière, de telle sorte qu'il n'y a pas lieu d'en disserter ici. Mais sur chacune de ses pages brille la splendeur d'un homme d'État, élu Chancelier fédéral en 1953 pour la deuxième fois, puis en septembre 1957 pour la troisième fois, et qui fut également ministre des Affaires étrangères de 1951 à 1955.

En politique intérieur, advint sous sa direction la reconstruction et la relance économique à nulle autre pareille de l'Allemagne occidentale. En politique extérieure, sans faillir et sans hésiter, et toujours avec persévérance renouvelée, l'Allemagne fût intégrée dans l'alliance occidentale des peuples libres et dans la coopération de l'Europe occidentale. La Communauté européenne du Charbon et de l'Acier, l'Union de l'Europe occidentale, le Marché Commun et l'Euratom sont les réalisations imposantes dans l'architecture de la nouvelle Europe, à laquelle la contribution personnelle du Chancelier allemand fut si grande.

En contemplant l'alliance encore plus large de la solidarité occidentale, à l'occasion de la récente conférence de l'OTAN à Paris, le Chancelier Adenauer formula dans des termes impressionnants la volonté d'accomplir la paix et l'entente parmi tous les peuples :

[Fin du passage traduit du néerlandais]

[Passage traduit de l'allemand]

Cette alliance n'est pas seulement un pacte de défense militaire. Elle est une communauté, dont la tâche primordiale est de réaliser des conditions constructives pour une coexistence pacifique des peuples, et d'écarter tout ce qui pourrait provoquer des conflits militaires.

C'est dans cet esprit qu'elle ne cessera d'œuvrer à une détente dans les relations avec le bloc de l'Est, afin de mettre ainsi un terme à la scission du monde en deux camps opposés.

Elle doit en outre s'efforcer de créer, à l'égard des peuples du monde non asservi, un climat de confiance où puisse se déployer une fructueuse collaboration économique et culturelle. Notre traité n'a pas pour but de nous isoler des autres États ; nous tendons la main à tous ceux qui sont de bonne volonté et pour qui, tout aussi bien que pour nous, le bien le plus élevé de la paix consiste dans la justice et dans la liberté.

[Fin du passage traduit de l'allemand]

[Passage traduit du néerlandais]

Excellence,

Nous vous savons gré de ce message de paix et de coopération universelle. La grande mission des hommes d'État restera de veiller à ce que ces visions se réalisent dans les faits et que nos peuples puissent vivre, libres de peur, libres de manque et libres de danger.

Nous reconnaissons dans votre œuvre et vos efforts un inoubliable bienfait pour l'humanité. Veuillez trouver un témoignage de gratitude dans la distinction académique la plus élevée qui puisse être ici décernée, le doctorat *honoris causa* de l'Université catholique de Louvain.

[Fin du passage traduit du néerlandais]

*
* *

Aussitôt son Excellence Mgr le Recteur donna lecture du diplôme du Chancelier et lui remit le document ainsi que les insignes de son nouveau titre, tandis que résonnaient quelques mesures de l'hymne national allemand. Lorsque Son Excellence Mgr le Recteur épingla l'épitoge sur l'épaule de M. Adenauer, l'assistance debout, emportée d'enthousiasme, acclama longuement l'éminent homme d'État.

[Passage traduit du latin]

Attendu que Son Excellence M. Konrad ADENAUER, Chancelier de la République Fédérale d'Allemagne, doué d'éminentes qualités d'esprit et de cœur et riche d'une longue expérience des hommes et des choses, a rendu sans cesse d'insignes services non seulement à sa patrie qu'il a restaurée avec succès après les vexations d'une dictature effrénée et les blessures causées par les nombreux malheurs de la guerre, mais aussi à la communauté de toutes les nations,

Attendu que, comme défenseur intrépide de l'humanisme chrétien, pour rendre plus efficace la résistance aux doctrines nuisibles du communisme, il s'est efforcé de réaliser l'unité dans la liberté des peuples d'Europe et des nations dites « Atlantiques », et qu'il a voulu avant tout la réconciliation de l'Allemagne avec la France,

Attendu que, dans son désir d'une paix véritable, il a contribué de toutes ses forces au bien-être de toute la société humaine et que pour ces motifs il mérite les lauriers de notre Université,

Nous, en vertu des pouvoirs qui Nous sont donnés, et avec l'assentiment de l'École des Sciences Politiques et Sociales, avons promu Son Excellence M. Konrad ADENAUER et l'avons proclamé Docteur *honoris causa* en Sciences Politiques et Sociales.

[Fin du passage traduit du latin]

*   *

*

À leur tour les nouveaux docteurs firent une courte allocution, M. le Président Schuman parla en premier lieu.

C'est avec une joie bien sincère et une fierté réelle que je me suis rendu aujourd'hui en cette bonne vieille ville universitaire de Louvain. Je considère, en effet, cette journée de rencontre historique, comme une date qui marquera dans l'existence des nations et qui me procure de ce chef une profonde satisfaction parce qu'elle permet d'espérer la réalisation des aspirations les plus nobles mais aussi les plus témérairement audacieuses : l'union des peuples de l'Europe libre grâce à cette véritable civilisation chrétienne qui nous a nourris et éduqués.

Et je songe, comme on a voulu nous le rappeler, à cette entente des trois cœurs et de trois esprits venus de nations différentes et plus d'une fois opposées, feu de Gasperi, le Chancelier Adenauer et moi-même : l'Italie, l'Allemagne et la France.

On a souvent prétendu que l'Europe était le résultat d'une sorte de complot établi depuis longtemps. Je voudrais redresser ce fait historique aujourd'hui. J'ai rencontré pour la première fois, ce fut un grand événement pour moi, le Chancelier, qui ne l'était pas encore en ce moment-là, en août 1949. Pour la première fois, j'ai parlé à Alcide de Gasperi deux ans après.

Voilà donc une vérité que nous avons constatée, que nous étions amenés, je dirais à l'improviste, à mettre sur place, à mettre en œuvre sans préparation, sans nous être concertés dans d'autres circonstances, et nous l'avons fait chacun avec son tempérament, avec les contingences spéciales de son pays, et nous avons eu la même inspiration, l'inspiration chrétienne ; nous avons eu confiance et cette persuasion nous l'avons, tous trois, puisée dans la Foi qui nous inspire, dans l'Espérance qui nous anime, dans la Charité qui nous unit.

Sans doute notre tâche ne fut guère facile et nous avons connu, avec des périodes de découragement et des attaques parfois violentes, des moments de haute lutte contre nous-mêmes. Mais nous étions certains d'être dans la bonne voie et nous avons eu l'énergie voulue pour continuer notre route et y voir notre mission.

Que le doctorat *honoris causa* de cette illustre Université Catholique nous soit conféré à tous deux au sein de cette institution qui a connu l'épreuve et la souffrance à de multiples reprises, m'honore singulièrement, et je remercie l'*Alma Mater* d'avoir organisé cette magnifique cérémonie et de m'avoir jugé digne de cette haute distinction scientifique.

Je ne puis que promettre d'être fidèle à l'Université et, en guise de reconnaissance, de continuer à défendre la grande idée de charité chrétienne qu'est l'Europe unie. C'est Sa Sainteté le Pape lui-même, comme l'a rappelé Son Excellence Mgr le Recteur, qui nous y convie. Nous écoutons cette voix et nous offrons nos activités et nos vies pour répondre vaillamment à l'appel qui nous invite à participer à la croisade de l'amour des hommes !

* *

*

Après les applaudissements que provoquèrent ces paroles de M. Schuman, M. le Chancelier Adenauer termina la série des discours par l'allocution suivante :

[Passage traduit de l'allemand]

Ce jour où la vénérable Université de Louvain, protectrice séculaire et renommée de la Science, gardienne séculaire de la Foi et des convictions chrétiennes, m'accorde la plus haute dignité et distinction qu'elle puisse donner, est pour moi un jour de profonde et intime émotion.

Vous avez fait allusion, Excellence, aux tragiques et pénibles événements qui se sont déroulés ici au cours des dernières décennies. Vous avez donné comme conclusion au rappel de ces faits cette phrase admirable : « Nous ne disons pas platoniquement : 'Nous oublions', mais nous disons dans un sincère et profond sentiment de charité chrétienne : 'Nous aimons' ».

C'est pourquoi, je vous remercie aussi de tout cœur au nom du peuple allemand. Je crois que ces paroles renferment tout en elles, qu'elles signifient davantage, qu'elles sont infiniment plus riches d'avenir que les longs discours, si éloquents soient-ils, de politiques et d'économistes européens. L'amour, reposant sur la charité chrétienne, est le fondement qui supporte tout le reste : compréhension, tolérance, solidarité, paix et liberté.

Vous avez cité en commençant, Excellence, les mots que le Saint-Père a prononcés récemment en parlant de l'organisation d'une Europe Unie. Je sais à quel point il soutient cette tâche de ses vœux et de ses prières ferventes, parce qu'il estime, Lui aussi, que cette solution est nécessaire afin de sauvegarder l'esprit chrétien en Occident et de préserver ainsi, pour le monde entier, ces valeurs sur lesquelles sont édifiés le bonheur et la prospérité de l'humanité entière : l'amour, la liberté, la paix.

Vous savez tous combien notre temps est dur et pénible. J'espère et je crois que, finalement, il sera possible d'éviter tout de même la guerre qui détruirait la terre. Cependant, même si l'on y parvient, la grande discussion spirituelle entre christianisme et matérialisme persistera très longtemps encore. Je ne vise pas seulement la discussion spirituelle avec le communisme marqué du sceau russe. Le communisme n'est pas né en Russie d'abord, mais dans des pays d'Europe occidentale. En Russie, il a reçu une forme particulièrement impitoyable et dangereuse, mais c'est dans d'autres pays qu'il a reçu d'abord son développement théorique. Loin d'y être éteint, il tentera de plus en plus, dans les prochaines années, – je le crois du moins – d'y dominer la vie spirituelle et, par là également, la vie politique et économique. Je ne connais qu'une seule conception du monde qui puisse vaincre le communisme dans cette lutte spirituelle : la conception chrétienne. Seul un christianisme de l'esprit et de l'action pourra le dominer.

Dans ce combat spirituel, les Universités, les sciences et les hommes de science doivent prendre le commandement.

L'Université de Louvain posséde et maintient une si grande et si glorieuse tradition. Puisse-t-elle être à l'avant-garde de cette discussion spirituelle ! C'est ce que je lui souhaite ardemment et de tout cœur et je suis convaincu qu'elle restera fidèle à sa haute tradition chrétienne et européenne.

Un Français et un Allemand sont honorés aujourd'hui par une Université belge pour ce qu'ils ont fait en faveur de l'Europe. C'est en vérité une journée historique et un heureux présage pour l'avenir de l'Europe, de tous les pays d'Europe et du monde.

Que mon ami Schuman soit honoré en même temps que moi, me cause une joie toute particulière. Il fut le premier à passer résolument à l'action lorsque, en 1950, il proposa aux autres pays européens le projet de fondation d'une Communauté du Charbon et de l'Acier ; ce fut une première étape qui porta dans la suite des fruits si abondants et – nous l'espérons tous – salutaires. Notre cordiale et commune gratitude lui revient d'une manière toute particulière.

À vous, Messieurs de l'Université de Louvain, je vous exprime de tout cœur ma reconnaissance et je vous promets de poursuivre ma tâche, dans l'esprit de cette journée, tant que Dieu m'en donnera la force.

[Fin du passage traduit de l'allemand]

* *

*

Ces paroles furent accueillies par une tempête d'applaudissements. La séance fut levée tandis que retentissait la « Brabançonne ».

*

* *

10 janvier 1958 : journée historique pour l'Université Catholique de Louvain qui eut l'insigne honneur de rendre hommage à deux promoteurs de la paix, de la réconciliation, de l'Europe Unie.

Reportage filmé de la journée du 10 janvier 1958

Au cours des recherches menées dans les archives de l'Université catholique de Louvain et de la KULeuven, trois copies d'un film en 35 mm ont été retrouvées dans les archives de cette dernière. L'une d'entre elles, restaurée, existe aussi en copie betamax. C'est celle-ci qui a servi de matrice à la réalisation du dvd encarté dans le présent ouvrage.

D'une durée de quinze minutes, ce film dont les archivistes déclaraient ignorer ce qu'il montre, « personne n'ayant vu ces images depuis une éternité »[1], est de bonne facture.

Film en partie muet, il évoque les moments forts qui précèdent la cérémonie de promotion d'Adenauer et Schuman puis, devenu sonore, il consigne des extraits significatifs des discours prononcés à cette occasion.

Les efforts visant à mieux identifier le réalisateur du reportage sont demeurés vains. Seule l'étiquette endommagée collée sur la boîte métallique contenant une des copies en 35 mm apporte une information. Elle mentionne en effet le nom de la firme « Prociné » établie à Jette, commune de l'agglomération bruxelloise. Spécialiste du reportage, « Prociné » a vraisemblablement exécuté un travail de commande sans que nous sachions si la version disponible devait comporter un commentaire en voix off. De même, nous ignorons si, ce qui serait dans l'ordre des choses, le reportage qui nous est parvenu est le résultat d'un travail de montage sur la base de prises de vues plus conséquentes.

---

[1] Courriel de Kjell Corens à Gaëlle Courtois, 14 décembre 2007.

Portefeuille photographique

Université catholique de Louvain – Arrivée de K. Adenauer au Collège du Pape. Le Chancelier est acceuilli par Mgr Van Waeyenbergh. Archives de l'Université (KULeuven), Papiers Van Waeyenbergh, n° 11 700 : « Foto's van de plechtigheden, met rekening van fotograaf Robert Martin. 1958 ».

Université de Louvain – Grande *Aula* du Collège Marie-Thérèse. Séance académique. Au premier rang de gauche à droite : R. Schuman, Mgr Forni (nonce apostolique), Mgr Van Waeyenbergh, K. Adenauer. Archives de l'Université (KULeuven), Papiers Van Waeyenbergh, n° 11 700 : « Foto's van de plechtigheden, met rekening van fotograaf Robert Martin. 1958 ».

Université de Louvain – Grande *Aula* du Collège Marie-Thérèse. Séance académique. Mgr Van Waeyenbergh remet l'épitoge de son grade à R. Schuman. Archives de l'Université (KULeuven), Papiers Van Waeyenbergh, n° 11 700 : « Foto's van de plechtigheden, met rekening van fotograaf Robert Martin. 1958 ».

Université de Louvain – Grande *Aula* du Collège Marie-Thérèse. Séance académique. Au premier rang de droite à gauche : K. Adenauer, Mgr Van Waeyenbergh, Mgr Forni (nonce apostolique), R. Schuman. Archives de l'Université (KULeuven), Papiers Van Waeyenbergh, n° 11 700 : « Foto's van de plechtigheden, met rekening van fotograaf Robert Martin. 1958 ».

Index des noms

171

Ferrari, Francesco Luigi, 50
Foch, Ferdinand, 36
Franco, Francisco, 25
Francqui, Émile, 51
Giraud, Albert, 129
Globke, Hans, 121, 122
Hallstein, Walter, 37, 56, 129
Hausenstein (mission), 129
Hausenstein, Wilhelm, 129, 130
Heineman, Dannie, 115, 117, 118
Hitler, Adolf, 95
Hoover, Herbert, 51, 70, 72
Houben, Robert, 118
Imbart de la Tour, Pierre, 67
Kaiser, Jakob, 120
Kulakowski, Jan, 53
Ladeuze, Paulin, 69, 71, 72
Ladrière, Jean, 52
Lamalle, Désiré, 118
Lamfalussy, Alexendre, 53
Lamy, Pascal, 37
Larock, Victor, 74, 125
Lebbe, Vincent, 50
Leclercq, Jacques, 52, 88, 89, 90, 91
Lefèvre, Théo, 118
Lehmkül, August, 46
Léon XIII, pape, 136, 139
Léopold III, roi des Belges, 73
Lipper, Margot, 129
Lohest, Albert, 56, 96
Luther, 42
Maeterlinck, Maurice, 129
Malengreau, Guy, 52, 90, 91
Mansholt, Sicco, 37, 56
Maritain, Jacques, 137
Marshall (Plan), 25, 75
Martens, Wilfried, 16, 65
Mercator, 42

Mercier, Désiré-Joseph, 45, 46, 68, 69, 70, 71, 72
Molitor, André, 48
Monnet, Jean, 29, 31, 32, 58
Montgomery, Bernard, 36
Neuray, Fernand, 71
Ophüls, Carl Friedrich, 124
Pacelli, Eugenio, 72
Passelecq, Fernand, 50
Pfeiffer, Anton, 121, 122
Pflimlin, Pierre, 37
Philippe II, 43
Pie XII, pape, 17, 77, 83
Pieret, P., 99
Pleven, René, 31
Poullet, Prosper, 73
Prodi, Romano, 37
Rey, Jean, 56, 64
Rezsohazy, Rudolf, 53
Rifflet, Raymond, 56
Rilke, Rainer Maria, 130
Rimbaud, Arthur, 129
Roosevelt, Franklin Delano, 36
Rothschild, Robert, 16
Sangnier, Marc, 46, 137
Schuman, Robert, 13, 14, 15, 17, 18, 23, 26, 27, 28, 29, 31, 32, 35, 37, 46, 55, 56, 75, 76, 77, 78, 79, 83, 87, 91, 92, 93, 94, 103, 105, 106, 107, 113, 121, 123, 124, 131, 132, 133, 134, 135, 136, 137, 138, 139
Schumann, Maurice, 91
Serruys, Jacques, 47
Snoy et d'Oppuers, Jean-Charles, 16, 51, 56
Spaak, Paul-Henri, 17, 56, 57, 77, 120, 122
Staline, Joseph, 24
Sturzo, Luigi, 47, 50
Thomas d'Aquin, saint, 133

EUROCLIO – Ouvrages parus

N° 45 – *Pardon du passé, Europe unie et défense de l'Occident. Adenauer et Schuman docteurs* honoris causa *de l'Université catholique de Louvain en 1958.* Geneviève DUCHENNE & Gaëlle COURTOIS (dir.), 2009.

N° 44 – *From Détente in Europe to European Détente.* Angela ROMANO, (à paraître).

N° 43 – *L'Espagne et l'Europe. De la dictature de Franco à l'Union européenne.* Matthieu TROUVÉ, 2008.

N° 42 – *La Méditerranée et la culture du dialogue. Lieux de rencontre et de mémoire des européens/El Mediterráneo y la cultura del diálogo. Lugares de encuentro y de memoria de los Europeos/El Mediterrani i la cultura del diàleg. Punts de trobada i de memòria dels Europeus.* María-Luisa VILLANUEVA ALFONSO (dir./ed.), 2008.

N° 41 – *La France et l'Afrique sub-saharienne, 1957-1963. Histoire d'une décolonisation entre idéaux eurafricains et politique de puissance.* Guia MIGANI, 2008.

N° 40 – *Esquisses d'une Europe nouvelle. L'européisme dans la Belgique de l'entre-deux-guerres (1919-1939).* Geneviève DUCHENNE, 2008.

N° 39 – *La construction européenne. Enjeux politiques et choix institutionnels.* Marie-Thérèse BITSCH, 2007.

N° 38 – *Vers une eurorégion ? La coopération transfrontalière franco-germano-suisse dans l'espace du Rhin supérieur de 1975 à 2000.* Birte WASSENBERG, 2007.

N° 37 – *Stratégies d'entreprise et action publique dans l'Europe intégrée (1950-1980). Affrontement et apprentissage des acteurs. Firm Strategies and Public Policy in Integrated Europe (1950-1980). Confrontation and Learning of Economic Actors.* Marine MOGUEN-TOURSEL (ed.), 2007.

N° 36 – *Quelle(s) Europe(s)? Nouvelles approches en histoire de l'intégration européenne / Which Europe (s)? New Approaches in European Integration History.* Katrin RÜCKER & Laurent WARLOUZET (dir.), 2006 (2ᵉ tirage 2007).

N° 35 – *Milieux économiques et intégration européenne au XXᵉ siècle. La crise des années 1970. De la conférence de La Haye à la veille de la relance des années 1980.* Éric BUSSIÈRE, Michel DUMOULIN & Sylvain SCHIRMANN (dir.), 2006.

N° 34 – *Europe organisée, Europe du libre-échange ? Fin XIXᵉ siècle - Année 1960.* Éric BUSSIÈRE, Michel DUMOULIN & Sylvain SCHIRMANN (dir.), 2006 (2ᵉ tirage 2007).

N° 33 – *Les relèves en Europe d'un après-guerre à l'autre. Racines, réseaux, projets et postérités.* Olivier DARD et Étienne DESCHAMPS (dir.), 2005 (2ᵉ tirage 2008).

N° 32 – *L'Europe communautaire au défi de la hiérarchie.* Bernard BRUNETEAU & Youssef CASSIS (dir.), 2007.

N° 31 – *Les administrations nationales et la construction européenne. Une approche historique (1919-1975)*. Laurence BADEL, Stanislas JEANNESSON & N. Piers LUDLOW (dir.), 2005.

N° 30 – *Faire l'Europe sans défaire la France. 60 ans de politique d'unité européenne des gouvernements et des présidents de la République française (1943-2003)*. Gérard BOSSUAT, 2005 (2ᵉ tirage 2006).

N° 29 – *Réseaux économiques et construction européenne – Economic Networks and European Integration*. Michel DUMOULIN (dir.), 2004.

N° 28 – *American Foundations in Europe. Grant-Giving Policies, Cultural Diplomacy and Trans-Atlantic Relations, 1920-1980*. Giuliana GEMELLI and Roy MACLEOD (eds.), 2003.

N° 27 – *Inventer l'Europe. Histoire nouvelle des groupes d'influence et des acteurs de l'unité européenne*. Gérard BOSSUAT (dir.), avec la collaboration de Georges SAUNIER, 2003.

N° 25 – *American Debates on Central European Union, 1942-1944. Documents of the American State Department*. Józef LAPTOS & Mariusz MISZTAL, 2002.

N° 23 – *L'ouverture des frontières européennes dans les années 50. Fruit d'une concertation avec les industriels ?* Marine MOGUEN-TOURSEL, 2002.

N° 22 – *Visions et projets belges pour l'Europe. De la Belle Époque aux Traités de Rome (1900-1957)*. Geneviève DUCHENNE, 2001.

N° 21 – *États-Unis, Europe et Union européenne. Histoire et avenir d'un partenariat difficile (1945-1999) – The United States, Europe and the European Union. Uneasy Partnership (1945-1999)*. Gérard BOSSUAT & Nicolas VAICBOURDT (eds.), 2001 (2ᵉ tirage 2002).

N° 20 – *L'industrie du gaz en Europe aux XIXᵉ et XXᵉ siècles. L'innovation entre marchés privés et collectivités publiques*. Serge PAQUIER et Jean-Pierre WILLIOT (dir.), 2005.

N° 19 – *1848. Memory and Oblivion in Europe*. Charlotte TACKE (ed.), 2000.

N° 18 – *The "Unacceptables". American Foundations and Refugee Scholars between the Two Wars and after*. Giuliana GEMELLI (ed.), 2000.

N° 17 – *Le Collège d'Europe à l'ère des pionniers (1950-1960)*. Caroline VERMEULEN, 2000.

N° 16 – *Naissance des mouvements européens en Belgique (1946-1950)*. Nathalie TORDEURS, 2000.

N° 15 – *La Communauté Européenne de Défense, leçons pour demain ? The European Defence Community, Lessons for the Future?* Michel DUMOULIN (ed.), 2000.

N° 12 – *Le Conseil de l'Europe et l'agriculture. Idéalisme politique européen et réalisme économique national (1949-1957)*. Gilbert NOËL, 1999.

N° 11 – *L'agricoltura italiana e l'integrazione europea*. Giuliana LASCHI, 1999.

Réseau européen Euroclio
avec le réseau SEGEI

Coordination : Chaire Jean Monnet d'histoire
de l'Europe contemporaine (Gehec)
Collège Erasme, 1, place Blaise-Pascal, B-1348 Louvain-la-Neuve

Allemagne
Jürgen Elvert
Wilfried Loth

Belgique
Julie Cailleau
Jocelyne Collonval
Yves Conrad
Gaëlle Courtois
Pascal Deloge
Geneviève Duchenne
Vincent Dujardin
Michel Dumoulin
Roch Hannecart
Pierre-Yves Plasman
Béatrice Roeh
Corine Schröder
Caroline Suzor
Pierre Tilly
Arthe Van Laer
Jérôme Wilson
Natacha Wittorski

Espagne
Enrique Moradiellos
Mercedes Samaniego Boneu

France
Françoise Berger
Marie-Thérèse Bitsch
Gérard Bossuat
Éric Bussière
Jean-François Eck
Catherine Horel
Philippe Mioche
Marine Moguen-Toursel
Sylvain Schirmann
Matthieu Trouvé
Laurent Warlouzet
Emilie Willaert

Hongrie
Gergely Fejérdy

Italie
David Burigana
Elena Calandri
Eleonora Guasconi
Luciano Segretto
Antonio Varsori

Luxembourg
Charles Barthel
Etienne Deschamps
Jean-Marie Kreins
René Leboutte
Robert Philippart
Corine Schröder
Gilbert Trausch

Pays-Bas
Anjo Harryvan
Jan W. Brouwer
Jan van der Herst

Pologne
Józef Laptos
Zdzisiaw Mach

Suisse
Antoine Fleury
Lubor Jilek